理 性 增 长

——形式与后果

〔美〕 特里·S.索尔德
阿曼多·卡伯内尔 编

丁成日　冯娟　译

商 务 印 书 馆

2007 年·北京

图书在版编目(CIP)数据

理性增长:形式与后果/(美)索尔德等编;丁成日等译. 一北京:商务印书馆,2007
ISBN 978 - 7 - 100 - 05363 - 1

Ⅰ. 理… Ⅱ.①索…②卡…③丁… Ⅲ. 城市-住宅建设-研究-中国 Ⅳ.F299.233

中国版本图书馆 CIP 数据核字(2007)第 004290 号

本书由美国林肯土地政策研究院授权出版。

理性增长——形式与后果

〔美〕特里·S.索尔德 阿曼多·卡伯内尔 编

丁成日 冯娟 译

商 务 印 书 馆 出 版
(北京王府井大街36号 邮政编码 100710)
商 务 印 书 馆 发 行
北 京 瑞 古 冠 中 印 刷 厂 印 刷
ISBN 978 - 7 - 100 - 05363 - 1/K·986

2007 年 4 月第 1 版　　　　开本 787 ×960 1/16
2007 年 4 月北京第 1 次印刷　　印张 12¾ 插页 9
定价: 32.00 元

Smart Growth

Form and Consequences

Edited by

Terry S. Szold and Armando Carbonell

LINCOLN INSTITUTE
OF LAND POLICY

Acknowledgement is given for permission to reprint copyrighted material:
Dolores Hayden, "What is Suburbia?: Naming the layers in the Land-
scape, 1820-2000."
Copyright © 2000

Library of Congress Cataloging-in-Publication Data

Smart growth: form and consequences / edited by Terry S. Szold and
Armando Carbonell.
   p. cm.
Includes bibliographical references.
ISBN 1-55844-151-4 (pbk.)
1. Regional Planning—United States. 2. Land Use—United States.
3. Cities and towns—United States—Growth. 4. Regional
planning—Environmental aspects—United States. I. Szold, Terry S.,
1960- II. Carbonell Armando, 1951-

HT392 . S557 2002
307. 1'2'0973—dc21

2002007600

译　序

　　二战以后美国的很多城市经历了迅速的空间扩张,而城市空间扩展的主要形式是城市蔓延(Urban Sprawl)。美国城市蔓延的主要特点是在城市服务与就业腹地(边缘)外,青蛙跳跃式(空间非连续)的一种低密度发展。它将居住与就业、购物、娱乐、教育等分离,因而要求通过小汽车实现空间移动。蔓延是一种不负责任的发展模式,这种模式带走社区的税基,破坏农地和空地(Smart Growth America)。比如,芝加哥 1990～1996 年人口增加了 9%,但是土地交费增长了 40%。美国城市蔓延的主要后果有:①交通拥挤;②更长的交通时间,使人们有更少的时间花费在家庭和工作上;③更糟糕的空气和水污染;④耕地、绿色空间、森林和湿地的损失;⑤促使洪水泛滥;⑥提高税费来支付城市服务——警察、消防和基础设施——学校、道路、供水、排水设施,等等。

　　经济学家认为城市蔓延是市场对低密度住宅的持续需求的一种合理反应。消费者都倾向于低密度、住房面积更多的有更多私人空间的住房发展。这是公认的美国梦。收入的提高使他们能够实现这种梦想。另外,交通费用的降低(由于政府在高速公路的建设和投资)使人们可以在更远的地方买房子。一般地,更远地方的房子会更大、更便宜,院子也越大。

　　其他学者(如规划学者)则认为,美国城市蔓延式发展的原因是:①能源和环境服务的低价格政策——鼓励小汽车的使用和对环境的忽视;②城市基础设施的低价格政策——鼓励城市交通的使用,进而促进更长距离的通勤;③政府对交通和住房的补贴——鼓励住更大的房子;④破碎的地方政府结构带来的破碎的土地利用管理——使得地方政府间的土地利用规划难以协调。前三个原因说明,由于种种价格政策,消费者(住房的家庭)没有支付所应负的城市发展成本,造成城市(土地、住房、交通、能源等)的过度消费。

针对这些问题,学者、官员和决策者希望通过城市"理性增长(Smart Growth)"运动来促进城市的可持续发展。理性增长是一种科学地规划的发展模式,这种模式保护农地、复兴社区、保持住房可支付性、提供多种交通选择等。美国政府对土地发展的干预是有相当的历史的。如:①土地利用功能分区(Zoning);②规划(Planning);③增长管理或可持续发展(Growth Management or Sustainable Development);④理性增长(Smart Growth)。所有这些根本上都是政府为"更好"的发展所采取的行动。

那么,"更好"意味着什么呢?"更好"发展考虑以下几个因素:①环境影响——长期与短期;②土地利用影响——负面(冲突)和正面(综合);③经济影响——就业与收入,这对生活质量是非常重要的;④财政影响——设施与服务的成本;⑤社会影响——分配/公平。为具体地实现这些目标或考虑,提出了城市理性增长的十个原则:①混合型的土地使用;②充分利用紧凑式城市发展或设计;③创造多种住宅机会和选择;④创造易于步行的邻里;⑤培养具有强烈空间感的特色型、魅力型社区;⑥保留开放空间、耕地、自然美景和主要环境保护区域;⑦加强现有社区的发展建设;⑧提供各种交通选择;⑨使发展决策具有可预测性、公平性和成本节约性;⑩鼓励社区和业主在发展决策制定过程中进行合作。

如果实施这些理性增长的措施,同样的城市增长可以减少政府在城市基础设施和服务方面的成本。如所需道路可以减少25%,所需城市基础设施可以减少15%,所需学校可以减少5%(Source:Economic and Fiscal Impacts of Alternative Land Use Patterns, by Robert Burchell, Rutgers University)。

中国城市在过去1/4个世纪里,特别是在20世纪90年代,经历了巨大的变革和发展。北京、广州等城市的建成区在十年里增长了一倍。深圳更是从一个30万人的村镇发展成为一个有上千万人的现代都市(包括流动人口)。城市建成区的高速扩张一方面推动了城市经济的发展,另一方面也带来了一系列的问题,如交通拥挤、环境污染、城市空地(和绿地)的损失、城市

(建筑)密度的增加等。这些问题严重地影响了城市居民的生活质量。如果本书所倡导的理性增长不能完全解决这些问题，但至少可以部分地缓解这些问题，如通过更好地整合和规划土地利用和城市交通。

它山之石，可以攻玉。本着这个理念，我们将本书翻译成中文，献给读者。中国城市发展的问题及其原因不完全与美国城市发展出现的问题相同。但是，城市理性增长所基于的逻辑和思辨，如因果关联、对症下药，对追求中国城市可持续发展的道路应是有深刻的启迪作用。本书试图揭示城市发展的形式、后果和我们应该采取的行动之间的逻辑关系，通过理性思辨，讨论未来城市发展道路。从这个方面，我很高兴美国林肯土地政策研究院授予版权并提供资助，使本书得以翻译成中文并在中国发行。

为帮助中国更好地发展、管理和规划城市，林肯土地政策研究院积极地资助著作在中国的出版发行。丁成日等著的《城市规划与空间结构——城市可持续发展战略》于 2005 年由中国建工出版社出版；格里特 J. 克纳普(Gerrit J. Knaap)的《土地市场监控与城市理性发展》于 2003 年由中国大地出版社出版；格里特·J. 克纳普与阿瑟·C. 纳尔逊(Arthur C. Nelson)的《土地规划管理》于 2003 年由中国大地出版社出版。丁成日译的《财产税与地方政府财政》(Wallace E. Oates 编著)于 2005 年由中国税务出版社出版。另外，还有有关土地税的书由中国大地出版社出版(2004 年)。林肯土地政策研究院资助并授予版权，近期将出版的还有《公共用地租赁——政策探讨及国际经验》和《循环城市——城市土地利用和再利用》。

最后，希望本书能够为中国下一步的城市发展、管理和规划改革创新提供借鉴和参考，促进中国城市在可持续发展的道路上阔步迈进。

丁成日

2005 年 12 月

于马里兰

目　录

前　言[*]

　　当大多数人考虑哪里是理想的定居社区时，很多时候人们会想象一个古老的新英格兰(New England)城镇，例如新罕布什尔州的新依普斯维治(New Ipswich, New Hampshire)、康涅狄格州的老莱姆(Old Lyme, Connecticut)、佛蒙特州的北英雄(North Hero, Vermont)、缅因州的南不列斯托(South Bristol, Maine)、马萨诸塞州的大巴灵顿(Great Barrington, Massachusetts)或是罗得岛州的小康普敦(Little Compton, Rhode Island)。这些城镇有绿色的环境和大量空地，不远处就有小树林和农田。这些城镇里的住家都彼此接近，所以孩子们可以不用家长开车接送就能互相串门。或者，人们会想到一个生机勃勃的都市邻里，例如剑桥(Cambridge)的哈佛(Harvard)广场、波特兰(Portland)的老波特(Old Port)、普罗维登斯(Providence)的学院山(College Hill)或是波士顿(Boston)的灯塔山(Beacon Hill)。这些地方充满了高雅又服务于大众的建筑。

　　这些社区当中很多是全国的典范。很多理性增长的规划师用"新英格兰城镇"来形容他们想要在全国改造成的城镇类型。这些社区及其周边的空地和自然美景是我们热爱新英格兰的重要原因。对于我们很多人来说，它们是我们住在这里而不是其他任何地方的原因。沃尔特·怀特曼(Walt Whitman)代表新英格兰居民说道："要了解我们就要到我们的山顶上和海岸边去。"这些景观勾画了我们对居住环境的认识、我们的灵魂和我们的性

---

　　[*]　此前言改编自约翰·德维拉斯(John DeVillars)在"理性增长——形式与后果"座谈会上的政策演讲(马萨诸塞州剑桥市，2000年3月10日)。

格。

但是今天，未经规划、未经检查的开发，即经常被我们称之为蔓延的开发正在不断威胁着这些山顶和海岸以及围绕它们的社区。我们很难给蔓延下定义。但是，正如波特·斯图尔特(Potter Steward)法官说的，"我们可能无法定义它，但是当我们遇见它时我们能认出它"。我们确实会遇见它。它是无穷无尽的大型购物中心和连接通往新英格兰首都波士顿的9号和1号公路的停车场。在过去的15年里，波士顿市区的人口增长了不到5％，而被开发土地的数量增长了将近25％。波士顿人均土地丧失率是全国平均人均土地丧失率的三倍。

当我们正以每周1 200英亩的速度失去空地，而且这个令人担忧的速度还在不断加速时，几乎在美国的每个角落我们都能看到蔓延。如果你去White山脉旅行，你会在露天购物中心和新罕布什尔州北康威市(North Conway, New Hampshire)的16号公路上的交通堵塞中看到它。那里曾经是有田园气息的村庄，而现在如果以全州包括男女老幼的总人口计算，每人仍有3平方英尺的购物空间。在过去的30年里，罗得岛州市中心外开发的居民、商业和工业用地比其在它325年历史中的总开发还要多。马萨诸塞州东南部现在是此区域内发展最快的地区之一。它的人口增长了28％，而土地利用增长了200％。快速的、任意的增长消耗了越来越多的农村，并且在很多情况下耗尽了城市曾经引以为荣的活力。

正如公共土地信托公司指出的，蔓延经常是丑陋的，并且它产生的问题要比其表面的丑陋深刻得多。由规划不合理或很多情况下是根本未经规划的开发带来的环境影响是非常严峻的。超过一半的水污染是非污染源造成的，即污染不是由工业或发生故障的污水处理厂造成的，而是由停车场、公路和其他不透水表层造成的。这些不透水表层正是蔓延的结果。现在在新英格兰地区，由未经规划的开发导致的居住环境的破坏和瓦解正威胁着超过80％的濒临灭绝的物种。蔓延对保证空气质量带来了更多的困难。新英格兰地区的居民在20世纪90年代驾车行驶的距离比其在80年代多了1/3，在80年代行驶的距离比70年代也多了1/3。即使我们使用的是比以往干净98％的汽油，增加的里程数也说明了将近一半的烟雾问题。在新英格兰的一些地区,一年中超过 20 天空气质量低于以健康为准的空气标准。

蔓延同时也耗资巨大。国民经济和纳税人与环境承担着同样巨大的成本。吉姆·道奇(Jim Dodge)创建罗得岛理性增长这一组织的部分原因是,尽管他所经营的天然气公司(Providence Gas)的客户基数每年只以大约 1%的速度增长,他却被迫每年花费 1 800 万美元购置新管道和新设备。原因是他的客户正在迁往未经开发的、离城市更远的地区。

普通新英格兰家庭也能感到蔓延的代价。由于通勤变长,人们在车里要花更多金钱和时间,而在我们珍视的事上——家人、朋友、假期和业余爱好——无法花更多的时间和金钱。据环境质量理事会统计,交通开销目前是家庭预算上仅次于住房的第二大开销,超过了食品,也超过了各类税收。这一情况甚至也存在于马萨诸塞州。

蔓延也耗费了新英格兰纳税人的巨资。若一项低密度住房的新开发给城镇带来 1 美元的财政收入,当地纳税人就要在学校、下水道、警察机关和其他服务上多花 1.50 美元。缅因州的纳税人感受到了学校系统的压力。公立学校学生人数在过去的 15 年里减少了 27 000 人,纳税人却花费了 7.27 亿用于新学校的建设。这些新学校大多建在飞速增长的郊区。其结果是,缅因州纳税人不得不破费两次——一次是在人口逐渐减少的老邻里中翻修旧学校,一次是在扩展的郊区里建设新学校。

由于人们抛弃了城市迁往郊外田野,蔓延的大部分成本由最穷苦最脆弱的市民承担了。在罗得岛州,居住在传统人口中心的人口比例已经下降到了 30%。其后果是,罗得岛州五个最大城市的房地产价值仅仅在过去十年就下跌了 33 亿美元。这就等于要使有效税率增长近乎 44%才能弥补财政损失。

可以肯定的是,蔓延在环境、经济和财政上耗费了我们大量的资源。但是,蔓延最终的真正影响是它削弱了我们对生活的珍重和享受。新英格兰地区小镇的民主、公民自豪感和与邻居共处的传统是围绕小镇绿地建立起来的。绿地是人们相识、交换一两个故事、互相了解的场所。这些传统是建立在对自然资源的尊敬基础之上的。

当作为城镇生活中心的公共绿地消失时,当空地中的宁静被偷走时,当新英格兰的部分地区变成了仅仅是由露天购物中心、大型商厦和呆板的住房开发构成的模糊景象时,我们的传统也就丢失了。在太多地方,我们太过频繁地并且太快地看到了正如格特鲁德·斯坦(Gertrude Stein)对加州奥克兰(Oakland)附近东湾地区(East Bay)的开发所描述的景象,"当你到了那儿,才发现你要找的地方早就不存在了。"

我们新英格兰地区的人喜欢把自己看成跑在别人前面的人。我们相信,当遇到经济、社会或公共关系的挑战时,我们的创新精神和企业家似的道德观将为美国其他地区指明方向。然而,当我们面对要以合理规划、有思想性、有远见的方式发展这一挑战时,我们不仅没有带路,而是落后于很多其他地方,例如俄勒冈州(Oregon)波特兰(Portland)和威斯康星州(Wisconsin)的密尔沃基(Milwaukee)等城市、马里兰(Maryland)和乔治亚(Georgia)等州。我们的经济迅速增长,开发资金向我们飞涌而来,不幸的是我们还没有作好利用它的准备。

美国环保署(Environmental Protection Agency)以及其他类似机构本应能在很早以前就对蔓延进行更多控制。州级环境机构也一直反应缓慢。最重要的是,我们的地方社区——这场战争的前线步兵——事实上是没有任何武器的。伍迪·阿兰(Woody Allen)曾经悲叹到:"世界从来没有面对更多选择。我们正处在十字路口。沿一条路走下去是绝望和无药可救,沿另一条路走下去是完全灭亡。让我们作出精明的选择。"

我相信,尽管伍迪(Woody)的看法是悲观的,尽管我们面临的挑战是艰巨的,我们有持乐观态度的理由,我们实际上将会作出精明的选择。我的乐观态度的根基是美国人民的机智和不断增长的对现状的不满,没有其他地方比在新英格兰更是这样了。我们在无数地方看到了这种乐观主义。在林肯土地政策研究院(Lincoln Institute of Land Policy)和哈佛设计学校(Harvard Design School)的教室里,阿曼多·卡伯内尔(Armando Carbonell)看到了它。来自各州的规划者正在和他讨论着他们为促成更可持续发展做的努力。在麻省理工学院城市研究专业的研究生明亮的眼中和热切的头脑中,我和特里·索尔德(Terry Szold)看到了它。这些学生已作好致力于追求一条更好的发展道路的准备。

我们在 2000 年 1 月看到了乐观主义。当时，全国超过 30 个州的州长在他们的州情报告中谈到蔓延问题，而且这一问题毫无疑问地被市民不满运动的燎原大火具体化。在此前的 15 个月里，市民的不满运动导致了将近 200 个投票提案的批准，批准了超过 70 亿美元的州基金和地方基金来保护空地。我们必须取得这种支持并以其为基础，通过理性有效的行动认可它。这些行动既可以代表个人也可以是代表我们所代表的机构和社区。杰出哲学家杰瑞·加西亚（Jerry Garcia）曾经说过："某人不得不做某事。只是难以置信的是，不幸的是我们正是那个某人。"

为了这个目的，我想提些建议。我们必须帮助州长和州立法者理顺他们的财政优先次序。对于可持续发展，我们在错事上花费了太多而在正确的事上花费不足。例如像罗得岛州领导人最近所做的，把公共高速公路基金里好几百万美元用以鼓励像忠实投资公司（Fidelity Investments）这样的大公司，让他们把运营扩展到史密斯费尔德（Smithfield）镇的农田和牧场里，而把坐落在普罗维登斯（Providence）和鲍特歇特（Pawtuchet）美丽且结构坚固的厂房闲置。这种做法无论如何也是不合理的。

为了缓解通向规划中的新英格兰最大购物中心的交通，马萨诸塞州要耗资 6 000 万美元在 3 号公路上修建一座新的立交桥。既然我们清楚地知道这项开发将使鳕鱼角（Cod Cape）和波士顿之间的交通增加 37％，甚至把现在每天几小时的交通完全瘫痪变成更长时间的交通瘫痪，这项工程无论如何也是不合理的。同样是这项工程，在殃及市中心购物区和邻里购物中心的同时，还将会导致每天要从水库中抽取将近 75 万加仑的水。而目前水库每天的抽水量已经有 25 万加仑超过了安全标准。当我们意识到，作为纳税人我们在这座立交桥上的花费将比在全州空地上的投资还要多时，这种资源错误分配的谬论甚至就更明显了。

我们需要更开明的领导阶层以不同的方式来思考这种开发计划的影响，来维持仍就存在于这一地区很多社区的新英格兰传统。州领导人在我们的帮助下必须处理可持续发展的另一个基本财政障碍——对财产税的过度依赖。因为老城的财产价值低，免税制度也不成比例，所以基本服务的投资对地方财产税的依赖为老城施加了不健康也不公平的压力。我的建议是,政府拨地建成的公共机构里的精英们应在新英格兰州长会议上对财政改革提出建议。这种财政改革应当能鼓励在我们负担得起的地方的开发,阻碍在我们逐渐缩小的农田和空地上的开发。

另一个有关的战争是要尽力使城市中心成为有吸引力的供养家庭的居住地选择,并成为吸引私人开发商投资的地方。在这个问题上,越来越精力充沛的各大小城市的市长也站在我们一边。他们和你一样清楚,可居住的社区始于更好的学校和更安全的街道。潮流也在助我们一臂之力——私立学校正在兴起,为幼儿园到十二年级引进了健康的竞争。考试成绩提高了,犯罪率下降了。

但是,我们还有另外两个对城市复兴至关重要并需要更有创意更持续关注的方面,那就是城区再开发和负担得起的住房的供给。州长和州立法领导人以及私人资本家担任着关键角色。目前,大量基础设施基金用于支付那些把空地变成大型购物中心的工程,或用于支付以“办公室公园”这一矛盾称号命名的建设项目。政府领导可以把这些基金的一大部分调用到城市基础设施投资上,例如公共交通服务、合理定位的停车库、店面升级、城市草木、无交通干扰的人行道等。坦率地说,这正是马萨诸塞州在 80 年代所做的。大多数像曾使洛厄尔(Lowell)市成为典范城市的立法提案,或是把像新贝德福德(New Bedford)、瀑布河(Fall River)和斯普林菲尔德(Springfield)等值得引以为荣的城市指引到通往可持续再生的正确轨道上的立法提案在今天被冷落,不被人爱,不被实施,也不被资助。我们要扭转这种局面,并要把城市投资风气带回到马萨诸塞州以及美国其他州。

虽然公共投资是关键,但我们并不打算重建我们的城市,或是在没有充实的私人投资的情况下就把绿色地块作为开发目标。你只需看看弗蒙特州的伯灵顿(Burlington)就能明白为什么了。这个城市有 45 英亩可开发的土地,其中 43 英亩是被污染的。我们可以或者支持并改进这些地块上的工程,或者继续看着诗坦顿(Chittendon)县的森林和田地被开发商的推土机瓜分。这就是为什么美国环保署在过去几年里在伯灵顿和其他 40 个新英格兰地区投资了超过 2 500 万美元来估价和清除受污染的城市地产。这就是为什么美国环保署以及州政府对开发商采取了基于常识的重新利用标准和责任保护。现在,该由私人资本来完成这项工作了。房地产开发商、基金管理人、房地产经纪人和交易中的其他参与者需要着眼于实际且丰富的投资机会,这些机会就在城区被污染了的地方等着他们。

在一个缺乏劳动力的经济里,住在内城区的人们渴望并随时能够加入到劳动力中。城市是安置水利、排污和交通基础设施的地方。与传统观念和郊区陈规形象相反的是,城市是巨大购买力存在的地方。因为零售和商业机会在内城邻里非常有限,城外销费额中每年有超过 20 亿美元来自于波士顿内城居民。对城市偏爱的开发商若投资于内城社区将会是明智之举,并会获得很大利润。

为了加速城市复兴我们需要对付第二个社会挑战,即住房消费。负担得起的住房不仅仅是一项人类服务工程,而且是经济发展的主要项目。如果管理得合理,它能成为我们对抗蔓延的关键因素。马萨诸塞州的住房消费在全美排第三。MassINC(Massachusetts Institute for a New Commonwealth)最近的一个分析表明,这是该州扩展经济增长的第一障碍。

我们最多只有一个勉强的策略来解决负担得起的住房问题,况且实际上在城市中我们根本就没有能应付它的策略。如果你去诗科比(Chicopee)、劳伦斯(Lawrence)和洛厄尔(Lowell)的市中心,你就会发现人们居住在历史上保留下来的、由学校和厂房翻建的住房里——仅在马萨诸塞就差不多有好几万套这样的住房单元。它是州政府在 80 年代的重要优先项目,但是这个项目在 90 年代就停止了。如果我们打算保留并吸引新工人,如果我们打算停止在玉米地和牧草地上修建房屋,我们就需要重新开始这项工作。没有比城市更好的地方来开展这项工作了。

更开明的州领导阶层和更负责任的私人资本家是赢得对抗蔓延这场战斗的关键。但是最终,特别是在新英格兰,土地利用决策是由地方制定的——主要是由被涌进其城镇的开发提议数量和复杂性困扰的志愿委员会决定。

让我们把注意力再次集中到马萨诸塞东南部。从波士顿到海角和内陆 15 英里左右的距离上有 50 个社区,它是美国五个增长速度最快的地区之一。自从 50 年代兴建了东南高速公路,这 50 个城镇的人口增长了 28%。这个人口增长率相对来说还算适当,但是消耗的土地比自清教徒登陆普利茅斯礁石(Plymouth Rock)以来消耗的还要多。而且,这些社区中超过一半以上没有全职规划者,只有 20 个有总体规划,其中只有 5 个在过去的五年里更新了总体规划。这些城镇和遍布新英格兰地区几百个像它们一样的社区需要帮助。对我们的挑战是要发展一套手段和融资机制,使得规划委员会和市民志愿者以及他们所服务的全体市民及社区能有一次经过努力获得成功的机会。

美国环保署以"可持续发展挑战基金"项目、理性增长培训项目、巡回技术支持以及其他一些手段迈出了良好且适度的第一步。然而,需求大大超过了供给。今年全国有 460 万美元挑战基金。单单在新英格兰地区,美国环保署就收到了来自 107 个社区总计超过 1 400 万美元的申请。也就是说,仅仅来自美国一个小角落的基金申请就是计划供全国使用的基金总额的三倍。

简而言之,我们的投资离能帮助我们的社区对未来进行规划必要的钱数还相距甚远。至于我们在控制蔓延的这场战斗中所必需的另一武器,即空地的获取和保护,我们也没能满足对它的需求。在这个热火朝天的经济中,税款多得可以从保险箱里溢出来。马萨诸塞州就有每年减税 14 亿美元的提议。如果总统候选人不提供每年至少 2 500 亿美元的减税计划,他们就会被认为是胆小鬼。在此背景下,我们已经放弃了泰迪·罗斯福(Teddy Roosevelt)时代两党连立对空地保护的执著。

在马萨诸塞州,我们现在对长期保护森林、农田、野生动物栖息地和其他有价值的空地的投资只有十年前的一半。在美国增长最快的州之一——新罕布什尔州,用于此目的州财政开销几乎是零。在哥伦比亚特区(District of Columbia)的华盛顿市(Washington),国会拒绝执行"更好美国公债"之一项目。此项目是财政部通过课税扣除来放弃 10 亿美元的收入,目的是要给全美保护空地的投资补充 100 亿美元。

缅因州参议员 Muskie(马斯基)过去常说:"你有上帝赋予的权利对政府表示不满——行使它时不要犹豫。"这也是我的最终想法。那么就快出来做点什么吧：

• 把公共资金从新建高速公路立交桥的项目上转移开，并把 100 美元的减税转移到空地公债和城市可负担得起的住房计划里；

• 促使国会通过"更好美国公债"项目；

• 鼓励私人开发商和养老金管理人在城市土地的再开发上投资。

尽管我们面临着无数强大的反对力量，但通过以上方法和其他很多方法我们可以创造不同。这些强大的反对力量包括：

• 特殊利益控制的国会；

• 州立法机构对议案游说者比对它的选民更心怀感激；

• 太多州长有太过狭隘的视野；

• 富有强大的房地产业不仅仅害怕而且无法理解我们的城市和居住在其中的人们。

但是，我们的议程是合理的。我们拥有多数人的支持，而且这些人越来越不甘沉默。显然，很多天天在社区忙碌的人为了更美好的明天会聚集能量和执着地实现这一梦想和希望。我们正处在一个繁荣的年代。这种繁荣的遗物不应是给我们的孩子留下负担，而应是给他们一个生机勃勃的市区和可居住的邻里以及永远被保护的空地。我们有机会和义务对此负责。

城市规划界里的伟大人物之一刘易斯·芒福德（Lewis Mumford）写道："对经济系统的最终鉴定不是钢铁的吨数、石油的罐数或纺织品的长度，而是它最终的产品，也就是它所滋养的人们以及社区的秩序、美丽和理智。"

让我们用这个会议论文集和根据它所实施的工作来确保我们能在新英格兰地区乃至整个国家通过鉴定。

约翰·P. 德维拉斯（John P. DeVillars）

美国环保署新英格兰办事处前任管理人（1993～2000 年）

波士顿城市复兴公司常务副总裁

MIT 城市研究与规划系讲师

第一章 绪论和概要

特里·S. 索尔德(Terry S. Szold)

"那是最好的一段时期，也是最坏的一段时期。"这是迪肯斯(Dickens)对美国 21 世纪之交经济增长的经典性描述。此次经济潮标志着 20 世纪 90 年代的结束。在当时的环境下，试图减缓商用和民用房地产的开发几乎不可能。甚至在全国庆祝千禧年后发生的经济衰退也没能改变人们用地的总体习惯。

本书的大多数章节是在美国 2001 年 9 月 11 日恐怖袭击之前提交的。因此，大多数作者没能对此后理性增长和经济增长管理是否会面临额外的挑战作出推测。有些可能会说，缩小发展密度和加大横向扩散的倾向有了强劲的存在理由。不管这样的推测有无足够的证据，美国近期住宅的情况显示，公务员、社区企划者和学术界仍需讨论和考虑一系列可以改变怎样增长、在哪儿增长的措施。我认为，和几年前相比，我们有很多有说服力的理由在现在出版这本书。

"理性增长"一词的普遍使用是在 19 世纪中期出现的，并且会在未来的几年里越来越频繁地被使用。多样化的利益群体联盟赋予了这个概念的可信性和能动力。一些州的规划提议就是建立在理性增长的原理之上。但是，理性增长这个概念除了字面上与"愚蠢增长"相反外，那么它具体有什么含义呢?

对一些人来说，"理性增长"只是对未来发展和土地利用作出更好选择的婉转说法。对另一些人来说，理性增长原理特指那些阐述替代当前城郊扩张蔓延可行措施的理论。这些理论一旦被使用,能够促进紧凑的、多用的、灵活的、无损环境的发展和土地利用形态。但是,如果我们把"理性增长"这一概念比喻成反对城郊蔓延的全能伞,伞下还有没有能让决定我们未来居住形式的其他争论和问题容身的空间呢?

什么是理性增长? 它应怎样指导我们的未来计划和发展? 我们仍需探索这些问题。特别是公共事务的决策者们必须研究这个新词汇,并且为广大公民提供切实可行的政策、规划和设计方案,而不是仅仅把理性增长当作一个华丽的修辞。不管我们把理性增长作为一个口号、一个抢眼的措辞还是一种对阻碍增长的要求,它向我们提出了以下问题:①我们已经完全吸取了以往发展策略中的重要教训吗? ②在寻找代替低人口密度、偶然发生的发展模式的艰辛道路上,可行的模型在哪儿呢? ③在建议理性增长干涉措施时,我们有没有考虑到关系到实际应用、道德伦理、收入分布等问题呢? ④理性增长理论的基本要素遵守了宪法原则吗? ⑤理性增长会产生哪些有可能影响选民的结果?

1999 年夏天,林肯土地政策研究院的阿曼多·卡伯内尔(Armando Carbonell)和我开始讨论召开一个能把学术界、规划设计执行者、市政规划者以及其他有关人士聚集在一起的座谈会,旨在讨论什么是今天的规划和发展议题。[①] 理性增长仍属于相对较新的运动,所以座谈会组织者最不用担心的就是出席人数。不过,值得我们担心的是怎样才能让与会者获得独到见解,而且是比在其他类似会议上可得到的见解更有实质性内容的见解。

那年夏天充满了有关理性增长的新闻。以理性增长大旗包装的立法提议像雨后春笋般地迅速传遍全美。民主党候选人阿尔·戈尔(Al Gore)在竞选初期对理性增长的讨论更助长了这一浪潮。为了达到预期效果,我们欣喜地找到了一些能够领导组织进行议题讨论的人。这些人都曾经积极地参与了土地利用法规的制定或城市设计和发展的实践。

座谈会上的演讲令我们和与会者满意。那些精心筛选的、内容广泛的

---

① 2000 年 3 月 10 日,在马萨诸塞州的剑桥市召开了由麻省理工学院城市研究与设计系和林肯土地政策研究院共同主办的"理性增长——形式和后果"的座谈会,有近 400 名学者参加。本书的章节是在此次会议演讲稿的基础上改编的。

评论文章体现了会议的主题和焦点。它们带领着读者走进了开发郊区的历史,走进了空间和时间上的增长现状和科技发展的成果,领略了对城市和郊区的忽视和复兴、对私有和公有产权以及对环境伦理的规范性假设。

一、我们是怎样从那儿走到这儿的[①]——历史和建议

理性增长这一概念是在 20 世纪 70～80 年代从全国性的增长管理法令中发展起来的。明确的理性增长法令是由马里兰州州长帕里斯·格伦迪宁(Parris Glendening)1977 年签署的法令为先锋,持续至今并且扩展到像新泽西州和西海岸等地区。各州法令虽然不同,但都具有一个相同点。那就是它们都不主张、不鼓励对新的基础设施和开发的公共或个人投资从已建成地区向外流失(Porter,1998)。

近年来,另一词汇"理性发展"也被频繁使用。理性发展指的是实际的、能够改变当前流行增长模式的发展策略。因此,它可以被看作是"理性增长"的表兄弟(APA,1998)。另外,"最佳发展策略"一词在 20 世纪 90 年代中期开始流行(Ewing,1998)。这一策略的拥护者含蓄地认同消费者对低人口密度生活方式、田野以及更传统的社区开发和设计的市场偏好。

然而,由于最佳发展策略所建议的发展总密度总是和传统的城乡开发相似,而且这样的策略经常被应用在以绿色地块作为开发选址的工程上,最佳发展策略只获得了真正持有理性增长观点的人的有限认可。相反,理性增长和理性发展的拥护者力图提供一些既对郊区又对中心城市有利用价值的政策。

很显然,要给理性增长下定义就是要首先对构成这一理论的一些基本原理达成共识,这样才能提供一些有价值的东西。如果没有这些基本原理,就很难区分"更好发展"和"理性增长"。阿瑟·克里斯·纳尔逊(Arthur Chris Nelson)在第五章列出了一个理性增长基本原则的清单,并且建议所有发展和增长策略都应遵守:①保护公共财物;②使土地利用的负面影响最

---

① 历史的回顾——译者注。

小化;③使土地利用的正面影响最大化;④使政府财政成本最小化;⑤使社会平等最大化。

本书的大多数作者都遵循了上述基本原则。他们并不是把它当作一个囊括一切、完全彻底的纲要来遵循,而是把它作为一个共同的起步指导方针来分析评价一个项目或方案是否具有真正的理性增长"基因"。

二、过去的发展策略——成因和结果

布鲁斯·卡茨(Bruce Katz)(2001)指出,城市远近郊区的开发继续改变着美国的空间和社会格局。从 2002 年美国人口普查来看,尽管低人口密度仍是郊区开发的标志性特点,但是单一和广阔却不能用来描述美国的郊区。作为主要就业中心,美国郊区有着比城市更多的人口,而且在民族和肤色上变得越来越多元化。

多洛雷斯·海登(Dolores Hayden)(第二章)提醒我们,城郊不仅仅是大多数美国人居住的地方,而且是"有影响力的美国文化的所在地"。她相信,探索现有郊区是怎样演变发展起来的是"预测城郊蔓延如何结束的中心问题"。海登命名并引用了近郊历史模式的起源及如何把家和工作地联系起来的发展时期,把我们从 1820 年的边境地带带到了 20 世纪 90 年代的电子空间边缘。美国梦包括"房子、自然和社区"。这是一个普通百姓能够安家落户,家家户户和整个社区能够共同繁荣的地方。

当然,今天郊区的房子越建越大,就好像开发商对大量低成本、不受条款约束的土地的欲望越来越大。这些都使那些想增长——如果不放慢速度——想更理性增长的人们进退两难。同时,现存的郊区模式,例如 20 世纪 60 年代的情景喜剧式郊区,还没有完全消失,它们只是在逐渐改变。乔尔·加罗(Joel Garreau)(1991)认为,边缘城市代表着"在我们自己中间寻找未来"的思想。不同于他的论点,海登认为,如果我们继续远离我们已开垦的沃土,天真地踏入社会和自然环境都不适宜的偏远郊区的边缘,我们就有可能找不到我们渴望的未来。与其放弃郊区,理性增长理论主张造就郊区,如果有必要,要保护它、更新它、改造它。

　　海登在她的文章中运用了一些强有力的词汇来形容新城市学家。新城市学家相信，"正确的设计是社会运作的关键"。海登对郊区各个层次进行了分析，提出了与上述论调相反的观点，并且明确指出不同的干预措施在不同的地方才会有效。她提倡在不断的房地产、银行业以及自动利益的政治压力下，活动家们应把普通百姓动员起来。我们还不能确定的是，她的响亮号召是否能奏效。

　　格伦娜·马修斯(Glenna Matthews)(第三章)以一个二战后美国郊区蔓延的案例——美国加州圣何塞(San Jose，California)的发展过程——对发展进行了分析。圣何塞曾经是果园和水果加工的集中地，后来发展成众人皆知的神秘的硅谷伊甸园(the Eden of Silicon Valley)的中心城市。由于电子工业在那里扎根并会逐渐发展成所谓的高科技，圣何塞的发展是被一个"在政治上对扩展作出的深思熟虑的承诺"驱动着。另外，在新工业经济成功的驱动下，圣何塞扩展到了130平方英里，在城市界限内容纳了1 500个高科技公司。

　　毫不为奇，圣何塞有效地利用了战后经济增长的有益之处，同时妥善地处理了作为高科技经济中心的长期成本。正如马修斯所阐明的，我们应有一个道德检验来衡量"增长是否是社会所需要的"。圣何塞必须面对一系列挑战，例如工作机会和住房比例失衡、公路设施缺乏、环境恶劣，以及历史的遗忘——这也许是最值得瞩目的一点。马修斯对某些对增长计划所打的如意算盘的结论可以被理解为是对各地决策者的告诫。

三、数字世界里的环境发展

　　科技和数字传媒会使我们更理智吗？从圣何塞的经历来看，你也许会说不。在最近一期的《城市土地》杂志(Urban Land)中的一篇文章中，吉姆·米亚拉(Jim Miara)(2000)认为高科技"聪明公司"(smart firms)是促成全国性城市蔓延的罪魁祸首。许多这样的公司喜欢选择绿色地块或从前的牧场作为建立总部和办公室的地点。这些电子公司里受过高等教育、自称有环境意识的雇员和行政人员怎么能不知不觉地成为城郊进一步扩展的怂恿者呢?

威廉·米切尔(William Mitchell)(第四章)对新数字电讯传媒基础设施和它带来的重新审视世界的机会和挑战之间的关系进行了研究,并且描述了空间和时间纽带的日渐松懈。他对理性增长的讨论超越了传统的对土地利用和交通的讨论。

如今,人们能够在任何时间任何地点办公。办公空间会变得越来越分散。同样,在电子商业的世界中,零售空间也变得更分散了。米切尔的建议是,信息和商品的理性分布系统应"迫使城市规划者们重新思考土地利用、土地价值和服务网络设施建设的关系",并且使规划者们从复杂、动态的人类行为的角度思考这些问题。为了使今后的干涉形成气候,我们需要摈弃以往的土地利用规划和设计制度,摈弃以往的惯例。

米切尔还认为,新的基础设施建设的部署"不应是简单地引起毫无特色的城市蔓延"。他警告我们,一个"布满电网的 Walden 世外桃源(a wired Walden)"也许正是理性增长的坏消息。由空间联系松动引起的罗伯特·普特南(Robert Putnam)(2000)所说的居民离析现象是有可能的。乔治·华盛顿大学可持续性区域增长中心 (the George Washington University Center on Sustainability and Regional Growth)的乔纳森·韦斯(Jonathan Weiss)(2000)对这一问题的看法是,我们日常生活中空间上疏远的社会结果导致了人们对社会活动参与的缺乏和"民主的削弱"。然而,很显然,正如米切尔建议的,我们对未来居住形式可以作出很多选择。"我们在选址上享有的自由不代表我们对选在哪里默不关心。"

隐含在米切尔煽动性言辞里的是给城市规划者和设计师们的一条规范性建议。他建议在对电子乌托邦(E-topia)的增长分类时需要小心谨慎。这就是为什么米切尔(1999)把他关于数字世界的未来的新书小心谨慎地命名为《电子乌托邦》(E-topia),而不是《乌托邦》(Utopia)或《反乌托邦》(Dystopia)。因为在这个电子潮流中,自然环境和人为环境的演变还未全部完成。

米切尔的预言和爱德华·贝拉米(Edward Bellamy)(1982)的有相似之处。爱德华·贝拉米是美国 19 世纪的预言家。他碰巧预测了 2000 年的社会情况。米切尔的预言是对新世纪结束的近距离预测,就好像是在显微镜下观察蚕蛹。贝拉米和米切尔都对一个想象的未来时间和科技进步的潜力持乐观态度,但谁也没有作出实际的保证。正如未来学研究者和20世纪历史学家所说的,科技既可以被看作有解放作用,又可以被看作有奴役作用。这给乌托邦论者所持的美好预言和乱世论者对社会将有重大变革的预言都留有极大余地。米切尔对"面对面的交流能带来什么?"这一问题的探索还没有答案。它是一个有关我们对社区,即独立乌托邦,不断变化的理解的问题。

四、目标、原则、诫律以及一些金律

正如克里斯·纳尔逊(Chris Nelson)(第五章)所说的,怎样定义理性增长有很多挑战,其中之一就是,至今为止理性增长还没有定形。不像城市美化、花园城市、增长管理、可持续发展等运动,理性增长不预先假定某种建成的景观。纳尔逊想要以一种好像能让我们区分庸医和良医的方法来描述理性增长的特征。

在这个崇高追求的推动下,纳尔逊提出了一套实用的理性增长的目标和原则,并阐述了理性增长的起源怎么可以追溯到马里兰州的开拓法令。纳尔逊扩大了原有的原则清单。新的原则清单更详细,并且可以运用到单个开发项目、社区和区域三个不同等级。通过应用本章前面总结的纳尔逊的原则清单,我们有了能够客观衡量结果的开端。例如,旨在保护自然资源或把不必要的基础设施建设最小化的项目是值得赞赏的,但还不配获得一枚四颗星的理性增长奖章。因为这些项目既没有涉及工作机会和住房比例的平衡问题,也没有涉及提供适合不同年龄段的消费者购买的住房的问题。

纳尔逊并不是要抹煞像马里兰州的肯特兰滋(Kentlands,Maryland)或科罗拉多州的博尔德(Boulder,Colorado)等地的功绩。他对这些例子的个人看法是,相对于通常的增长形式,这些地方的增长都有积极影响。但是,即使某些自称是理性增长的社区高质量的城市设计可以得高分,设计本身并不能使这些项目或地区挤进理性增长的神庙,尤其是如果只有富人居住在这些社区。熟悉这些例子的读者可以通过纳尔逊提供的透镜重新体会一下。

纳尔逊建议我们不要放弃规划可以造就或帮助我们造就一个更好的居住环境的信念。他预言到,相当一部分土地会被回收或再利用。他还巧妙地总结道,我们有很多创造新天地的机会,而且是以新的更高生活质量为原则创造的新天地。

亚历克斯·克里格 (Alex Krieger)(第六章)使问题更复杂化了。他想要剥去我们为自己不很利他主义的增长动机和借口穿上的虚伪的长袍。他为理性增长提出了七条不求速度的目标。第一条就是要以循序渐进的方式对不必要的重复建设征税,即对迁出城市在郊外购建第二栋住宅的人征税。他的区域性税收分享和城郊重建计划也是他自成一体的戒律中的一项。

毫无疑问,本书大多数读者很清楚地看到了理性增长提议所披的迷惑人的长袍。这一长袍为所谓的"不要建在我家后院"(Not In My Backyard,NIMB)的动机及其拥护者提供了潜在掩护。如果我们假设由别人的选择导致的增长是真正的问题所在,并胆敢以这个假设作为避难所,我们只需克里格的第一条不切实际的建议就能感受到他所希望我们能有的不适感。事实上,我们自己造成的增长才是真正的问题所在。

对理性增长公民投票的通过和对召开支持者运动提议的通过使得全国上下都很陶醉,并举行了各种各样的庆祝活动。而克里格否定了这些成就。因为这类提议往往只注重保护空地和农田,但没有传达或强化城市的优点,也不会成功地改进开发行为。克里格指出的一个更重要的问题也许是,继续认为人口分布疏散的地方有"更适于居住的条件"是危险的。正如他最近在另一篇文章中提到的,"……向城外扩张的冲动已深入到我们的文化中"(Krieger, 1999)。克里格对富兰克·劳埃德·赖特(Frank Lloyd Wright)的"流浪者"(Wanderers)和"穴居者"(Cave-dwellers,后来成为现代拓荒者和城市建设者)的规范性、空间性理论进行了讨论,并总结道:"……社区的建设者不是那些流浪者,而是那些拓荒者。"然而,正如克里格提醒我们注意的,我们想把人口集中的地方看成是"令人愉快的而不是强制性的"愿望也许是向更理性的未来前进的关键。对家庭第二住宅征税的要求真的那么荒谬吗?不会比住在洪水泛滥的地区,应付着可怕的每日通勤,或支付着难以想象的住房贷款更荒谬吧。这些都是我们认为更好的——尽管不一定是更理性的——居住地。虽然的的确确是一个荒谬的提案,但是人们看了克里格的文章后不禁想做的就是建议政府严肃考虑未建成地或空地配给的指令。这种配给指令也许可以以包含各州人均土地消耗的公式为基础。

在把原则和目标作为焦点后,人们可能很容易就忽视了布置下级分区(Subdivisions)的调整设计和建筑工程标准的影响。然而,埃兰·本—约瑟夫(Eran Ben-Joseph)(第七章)明确指出,总体上来说,当人们认为一家一户的居住形式仍然是大多数人所偏爱的时,对房子离公路的距离和公路宽度的空间要求所作的修改无疑将会带来巨大影响。

正如本—约瑟夫文章中的一幅图片所描述的,至少 1/3 的开发项目是修路和建停车场及其他交通基础设施。如果我们仔细查看现行标准就不难发现,地方决策者和官员们不应有任何借口不去修改那些基于对必要性、实效性和责任性错误假设的标准。本—约瑟夫指出,私有开发和公共发展有着双重标准。这有力地证明了"……指导变化的方针应该是实际情况和好的设计"。除了空间形式的问题,本—约瑟夫认为,城郊边缘的高尚住宅区正是实施更好、更合理的规则和标准的新兴实验室。

我们如果抛弃肤浅的嗜好和已成型的市场偏好来彻底研究这一问题也许就会发现,事实上有主导地位的下级分区形态根本不是偏好。这种多样性的缺乏也许正表明了城市规划者和设计师没能有效地引进和鼓励一系列可利用的更好的空间形式和选择。理性增长的提倡者才刚刚开始利用影像技术来增加公众对土地利用和设计的理解,并对公众推荐更好的选择。在对比研究根据不同标准和指导方针设计的不同发展情景的强烈反差时,即使仅仅被当作辅助方法,影像技术也为普通百姓和城市规划者提供了有效的工具。既然我们现在有了有立体感的逼真的成像技术,对不同发展的视觉和空间影响和对更好更理性的发展模型的探索应不再是难事了。

五、法律上的假设、市场现实情况及宪法的限制

在以公共利益为上的规范私有财产从而达到理性增长的目的这一论题

上,布莱恩·布莱塞尔(Brian Blaesser)(第八章)阐述道,城市蔓延这一"美国富裕生活的产物"不是对每个人来说都是不好的。他进而发表了他对存在于理性增长和宪法对增长的保护之间的矛盾和压力的看法。

大多数受过基本土地利用管理培训的规划者和设计师都知道,如果一项调控规定太过苛刻,依据宪法第五和第十四修正案,它有可能会被判成征地。但是,能否被判成调控性征地又受到一些逐步演变的原则的制约。这些制约原则包括规则的范围、性质、目的以及规定本身的意图是否与其在具体地产上的应用相一致。布莱塞尔使我们了解了可应用在最近的增长管理立法提案(包括理性增长干涉措施)的调控性原则和宪法原则的一系列复杂情况。

布莱塞尔所述的理性增长管理干涉的脆弱方面讲述了最高法院在对征地罪名是否成立的判决上的演变过程。这个演变过程始于 Penn Central 案,止于卢卡斯(Lucas)案。最高法院在卢卡斯案后规定,在由土地利用规则导致地产失去全部利用价值的情况下,征地罪名可以成立。例如,大多数花园多样性的分区规定限制了扩建的潜力并要求在马路和房子之间的空地上不能有任何建筑。由于理性增长这一提议,更严厉、更异乎寻常的规则逐渐出现了。但是,这些规则也许会受到法庭更细致的审查和限制。在布莱塞尔的确定性和一致性的教条下,传统邻里开发(Tradition Neighborhood Development,TND)、城市增长边界(Urban Growth Boundary,UGB)以及其他控制开发质量、数量和地点的规定也许都会需要战略上的检验。

比起布莱塞尔,叶罗尔德·凯登(Jerold Kayden)(第九章)认为控制领域里有更大的自由余地。他充满信心地告诉我们:"美国宪法既没有禁止也没有要求理性增长。"凯登(Kayden)探讨了征地原则从 20 世纪 20 年代到今天的演变过程,查看了经典法律案例,并提出了他自己的能被应用到理性增长策略的检验方法。在凯登的管理领域里,我们也许要放弃欢乐感,但不能放弃乐观主义。规划者和设计师们也许需要磨快他们"理性增长的实施工具"。既然他们是在尝试重塑人工和自然环境,他们就不需要放慢脚步。

布莱塞尔和凯登的法律观点完全冲突吗?显然,凯登不会容忍一项会导致财产价值降低 50％的规则,而布莱塞尔则会。水杯是半满(Kayden)还是半空(Blaesser)？对财产权有何作用的政治化和规范化判断在这里起到了作用。尽管如此,每个观点都暗示了理性增长产生了价值。每个观点都向人们提出了警告并激发了人们的热情。

六、伦理和公正

伦理和规划的关系有很长的历史。最早的规划者是改革家。他们相信经改善的居住条件和更多的城市居民的娱乐机会将会推动改革。弗莱德利克·劳·奥姆斯特德(1870)相信,公园能成为城市各个阶级的居民在一起娱乐的场所。事实上,公园可以绝好地推动民主化。奥姆斯特德相信,通过在公园里或是在规划的社区里改变人类环境,我们就可以改善人们的生活。

将近 30 年后,埃比尼泽·霍华德(Ebenezer Howard,1898)预见到绿带环绕的由工人阶级拥有的城市。工人阶级能从拥挤的污染了的城市迁移到乡村,把城市和乡村最好的方面结合起来。隐含在奥姆斯特德和霍华德以及那些跟随他们的改革家们的思想里的是这样一个观点——改善了的生活条件意味着改善了的生命。虽然环境决定论在今天可能是一个棘手的且有挑战性的道德观点,但在 19 世纪晚期它是普遍被认同的观点。

蒂莫西·韦斯凯尔(Timothy Weiskel)(第十章)告诉我们,规划者用来评估理性增长策略的规范在基本性质上是有缺陷的。他分析了每个增长理论的目光短浅之处和傲慢自大之处,来判断增长是理性的还是愚蠢的。他问道,谁能管什么称为理性？韦斯凯尔认为我们需要一个完全不同的规范。隐含在这个规范里的是,任何增长制度,不论理性与否,都可用病理学来评判;特别是冒自身危险而忽视了环境承载力的制度。

韦斯凯尔的文章与蒂莫西·比斯利(Timothy Beatley,1994)的分析一致。比斯利希望规划者能审查有关土地利用的决策,包括把增长和发展原则的性质视为固有的道德准则。很显然,规划职业和西方文化本身都曾经严重地违背了韦斯凯尔的生态准则,即他的"对负责任的环境行为的十诫"。尽管具有最初的恶意或是马尔萨斯主义的等级制度,韦斯凯尔抓住了本—约瑟夫和纳尔逊思想的精华,即规则和设计指导方针能起很大作用。我们

11

的目标不应是虔诚或赦免,而应是个人和集体的行动。

社会公正是另一个道德问题,这是一个规划者和设计师有时会忽视的问题。迈伦·奥菲尔德(Myron Orfield,1997)对把资源转移到郊区会使资源从城市中流失的担心就是一例。郊区里财富的增加和内城区及内郊区财富的减少表明了课税基础从一些最穷的社区转移到了一些最富的社区。奥菲尔德认为,没落和蔓延的力量是强大的,单个城市或郊区无法独自对抗它。他还提出了一个区域性议程来促进社区的形成和稳定。

哈维·甘特(Harvey Gantt)(第十一章)表示了他对实施理性增长后在哪里才能找到公正的担忧,尤其是与中心城市邻里的落后相联系。他支持更好的邻里形式的规划,但也意识到理性增长策略会带来的机会与危险。他问道,难道没有更好的方法组织蔓延了吗? 难道不应不仅仅是合理规划的公路吗? 难道不应该解决社会问题,而不仅仅是改变开发的形式吗?

作为建筑师和北卡罗来纳州夏洛特市(Charlotte,North Carolina)的前任市长,甘特知道,能鼓励多样化、刺激城市复兴并促进填补开发的理性增长将会利用“政治意向来鼓励这种远见”。如果理性增长被人发现仅仅是传统增长管理的重新包装,麻烦肯定会来,尤其是如果它的排他性质成了尖锐的焦点。如果没有广泛的、以公正为基础的使命,没有对边缘地带和城市中心的平等注意力,理性增长对大声疾呼要有有效干涉的城市地区只会有短暂的影响。

七、总结

我们可能会在不远的将来某一时间看到理性增长运动的终止。借用T.S.埃利奥特(T.S. Eliot)的话说,它可能会在呜咽声中而不是巨响声中停止。我们必须作好面对现实的准备。虽然具有野心勃勃的设想,理性增长也许仍会太过笼统,太富有弹性,或者也许太过天真而不能被认真对待。

在另一方面,哪怕花园城市从来没有完全按照霍华德的设想建造,花园城市的重要元素和原则却保留了下来,并至少以一些形式铭记在规划者的词典和潜在意识里。增长管理的原则同样也在今天被使用,而且显示出非凡的持久性。牢记这些历史,揣摩这本书里的文章并面对它们的挑战。也许将来理性增长会导致美国景观里另一个独立层次。未来的人将会回顾历史,而且肯定会评价这种形式的增长实际上是多么理性的。

参考文献

American Planning Association (APA). 1998. *The principles of smart development*. Report no. 479. Chicago, IL: American Planning Association Planning Advisory Service.

Beatley, Timothy. 1994. *Ethical land use: Principles of policy and planning*. Baltimore, MD: Johns Hopkins University Press.

Bellamy, Edward. 1982. *Looking backward, 2000-1887*. New York, NY: Modern Library College Editions.

Ewing, Reid. 1998. *Best development practices: A primer for smart growth*. Washington, DC: Smart Growth Network: International City/County Management Association.

Garreau, Joel. 1991. *Edge city: Life on the new frontier*. New York, NY: Doubleday.

Howard, Ebenezer. [1898] 1998. *Tomorrow: A peaceful path to real reform*. London: Routledge/Thoemmes Press.

Katz, Bruce. 2001. Welcome to the exit ramp economy. *Boston globe* (May 13).

Krieger, Alex. 1999. Beyond the rhetoric of smart growth. *Architecture* 88 (6): 53-61.

Miara, Jim. 2000. Fueling sprawl. *Urban land* 78-79; 109.

Mitchell, William. 1999. *E-topia: Urban life, Jim—but not as we know it*. Cambridge, MA: MIT Press.

Olmsted, Frederick Law. [1870] 1971. Public parks and the enlargement of towns. In *Civilizing American cities: Writings on city landscapes*, S. B. Sutton, ed. New York, NY: Da Capo Press.

Orfield, Myron. 1997. *Metropolitics: A regional agenda for community and stability*. Washington, DC: Brooking Institution and Cambridge, MA: Lincoln Institute of Land Policy.

Porter, Douglas R. 1998. The states: Growing smarter? In *ULI on the future—Smart growth: Economy, community, environment*, 28-35. Washington, DC: Urban Land Institute.

Putnam, Robert D. 2000. *Bowling alone: The collapse and revival of American com-*

munity. New York, NY: Simon & Schuster.

Weiss, Jonathan. 2000. Civic participation and smart growth: Transforming sprawl into a broader sense of citizenship. Funders' Network for Smart Growth and Livable Communities. Translation paper no. 4. Washington, DC: George Washington University Center on Sustainability and Regional Growth (November).

第二章　郊区是什么?

——郊区景观里不同层次的命名(1820～2000 年)

多洛雷斯·海登(Dolores Hayden)

从 19 世纪早期开始,和拥挤的市中心一起成长起来的城市周围的住宅区,即郊区,就已成为城市化进程的一部分。将近 200 年来,在自相矛盾地建造越来越多的城市化景观来满足人们对私人空间的需求的同时,美国人已把建立在自然环境中独门独户的生活作为理想的生活方式。成千上万的郊区住宅区构成了大多数美国人居住和工作的环境。郊区住宅区的开发建设耗费了联邦政府的巨额投资,对个人家庭来说也是一笔巨大的消费,同时私人房地产开发商也从中赚足了钱。最近针对大都市扩展形势中扩展成本的争论表明,低密度居民区建设既有其争议性又有其吸引力。[①] 美国人民对理想中的带有乡土气息的偏远郊区不断进行投资。反之,原来被叫做郊区的那一层景观由于有"城市"弊病而经常被遗弃。

任何想谱写新历史的人都会提出这个问题:什么是美国的郊区? 人口统计学家可能会答道:"大都市里非中心地带的城市地区。"但这是一个以反面语气下的定义。它使郊区隶属于内城区。郊区首先是当今大多数美国人居住的地方,是有主导地位的美国文化景观。它把宝贵的自然和人文环境、

[①]　有关文献大量存在。Sharpe(夏普)和 Wallock(沃劳克)(1994)的文章是人文科学对此问题反映的评论。全面的社会科学和专业研究可以参考《运输合作研究项目》(*Transit Cooperative Research Program*,1998)。对郊区历史进行综述的包括 Hayden(海登)(1984)、Jackson(杰克逊)(1985)、Fishman(菲什曼)(1987)以及 Palen(帕伦)(1995)。

庭院和独门独户式的住宅相结合起来。其次,郊区吸引了无数商业和民用房地产的投资建设(尽管目前是这样规划、设计和建设的,但实际情况还不总是这样)。再次,郊区是大多数没有工作的妇女养育后代的地方,这既反映了社会习俗又反映了环境习俗。第四,郊区是当今大多数美国选民居住的地方。对现存郊区是怎样组织起来的,怎样被投资、设计、建设、销售和居住的理解,是预测城乡蔓延如何结束的核心问题。

一环套一环地,美国大都市周围的住宅区建设正生气盎然地进行着。其中一些是独立住房,一些是住房群,还有一些是有规划有设计的社区。美国是各色各样郊区住宅区的故乡:蓝领阶层和精英阶层,穷人和富人,白人和非洲裔美国人,还有华裔美国人。然而,把不同种族居民联系起来的更大的郊区住宅区的模式存在吗? 建在郊区的住房面积飞速增大。新建住房的平均面积在 1950 年是 800 平方英尺,1970 年是 1 500 平方英尺,到了 1998 年是 2 190 平方英尺(U. S. Bureau of the Census 2000;Separated by Design 2000)。一些分析家认为郊区作为定居形式正在蓬勃发展。另有一些分析家则认为郊区的边境已经关闭了。他们匆匆寻找新的词汇,比如用外城(Out-town)、农郊(Ruburbia)、科技郊区(Techno-burb)、银河城市(the Galactic City)、后郊(Postsuburb)以及外都市(Exopolis)来形容目前的空间结构。[1]

我们需要新的词汇吗? 让我们继续使用郊区(Suburbia)这个词,并重新命名它的层次。郊区建设的历史可以划分为七个时期。所谓的"边界地带"(the Borderlands)大致始于 19 世纪 20 年代,"风景如画的地方"(the Picturesque Enclaves)大致始于 19 世纪 50 年代,"电车扩建"(the Streetcar Buildouts)大致始于 19 世纪 70 年代,"邮购和自建郊区"(the Mail-Order and Self-Built Suburbs)大致出现于 20 世纪初,"情景剧郊区"(the Sitcom Suburbs)始于 20 世纪 50 年代,"边缘结"(the Edge Nodes)始于 20 世纪 70 年代,"电子空间边缘"(the E-Space Fringes)始于 20 世纪 90 年代。所有这

---

[1] 这些词汇的发明人依次为保罗·戈德伯格(Paul Goldberger)、利奥·马克思(Leo Marx)、罗伯特·菲什曼(Robert Fishman)、皮尔斯·刘易斯(Peirce Lewis)、乔恩·蒂福德(Jon Teaford)、爱德华·索亚(Edward Soja)。

些层次还都存在，很多在 2002 年的大都市中仍被建造着。

郊区历史学大多是以交通方式分类的，例如铁路、电车和汽车。然而更古老的交通系统已不复存在。这篇分析将采用文化景观的方法，强调土地的利用，并以鸟瞰图片作为凭证。大多数郊区历史学以男性的眼光看待中产和高中产阶级的郊区。本文比较了工人阶级和富人的郊外房屋和庭院的形式，并涉及两者是怎样体现在大众文化中的。本文还探讨了妇女和儿童在郊区空间的经历。

郊区梦是一个对住房、自然和社区的梦。样本房和样本社区都已分别在不同时期形成了。然而，大多数人在向往住房和庭院的同时也向往与外界社会的结合。样本房经常要依环境妥协，样本镇也经常因为经费和社会冲突等问题失败。最普遍的问题也许是，独立住房常常被当作位于样本社区里的住房来宣传，而实际上它们不是。同样，房屋群经常被广告宣传为配有适当公共设施和基础建设的完美城镇，而实际上它们根本不是一个镇。很多知识分子和设计师嘲笑郊区居民太容易上当受骗了。这是过于单纯和失礼的反应。普通百姓对他们的家庭生活和社区生活充满了希望。为了使一切运作正常，他们努力提供那些欠缺的东西。理清郊区发展的复杂情结会使我们更清楚地了解到哪些传统是消极的和哪些传统是积极的。

我在 1984 年出版的《美国梦的新构想：住宅、工作和家庭生活的未来》中指出，美国郊区住宅区到 20 世纪 50 年代就已经变成了一个私人的乌托邦，替代了一个世纪前寄予了许多美国人希望的样本镇。19 世纪中叶，发展商卢埃林·哈斯科尔（Llewellyn Haskell）把他在新泽西州名为卢埃林公园（Llewellyn Park）的昂贵郊区住宅区促销成"远离人类普通巢穴的伊甸园"（Henderson，1987）。然而，到了 19 世纪 90 年代，芝加哥（Chicago）电车扩建郊区的建设人塞缪尔·E. 格罗斯（Samuel E. Gross）描绘了一个持有一把写着公平字样的剑的天使。这个天使正在给一个工人传送小茅舍和晚餐。这幅画表达了规模适度的住房才是天堂的思想。D. J. 沃尔迪（D. J. Waldie）在他描述加利福尼亚州莱克伍德镇（Lakewood, California）的诗歌般的散文集《神圣的土地》（Holy Land）中也采纳了工人阶级的郊区住宅才是天堂这一主题。①

　　或许，直到第二次世界大战，中产阶级美国人还持有纯粹的样本社区的梦想。但是在战后，对住房的需求呈现出一片混乱状况。1946 年的一期《纽约客》的封面是一个新殖民地时代风格的大房子在粉色云彩上徐徐降落到一个富有的由丈夫、妻子和孩子组成的家庭（但不是所有人都生活在天堂——后门外，一个非裔佣人正在打发一个 Fuller 发梳的推销员）。目前，狂热的建筑业决心要重建中产阶级居民对样本社区的信仰。新城市建筑师安德烈斯·杜阿尼（Andres Duany）和伊丽莎白·普莱特—奇伯克（Elizabeth Plater-Zyberk）在 1992 年宣布了"美国小镇的第二次到来"。② 迪斯尼世界的麦克尔·艾斯纳（Michael Eisner）预期心怀感激的人们会大喊："感谢上帝赐给我们庆祝镇（一个以 Celebration 命名的镇）！"（Frantz and Collins，1999）。相反的是，佛罗里达州（Florida）的新建镇庆祝镇被公认为是一个反例，它说明通过建造新型传统希腊文艺复兴式和维多利亚式住房来建设样本社区是不可行的。大众媒体充斥着对镇上学校和僵硬的管理风格的评论。另外，大多数在附近迪斯尼世界工作的人住不起那里的房子（Drew，1998；Rymer，1996）。对美国郊区住宅区发展各个时期的简单回顾不仅重温了值得我们怀念的建筑形式，也会把目前对城市扩张的忧虑置于一个更大的空间和经济模式里。

一、边界地带（1820 年）

　　大约从 1820 年开始，一些家庭更向往田园生活方式，而不是像纽约或波士顿等不断扩大的城市中心所具有的生活方式。历史学家约翰·斯蒂尔戈（John Stilgoe）（1988）和亨利·宾福德（Henry Binford）（1984）把边界地带定义为在不断增长的城市外田园般的环境里建设家园的地方。当时，城市交通主要靠蒸汽船、骑马或私人马车，后来发展到铁路。各个阶层都住在

---

　　①　D. J. 沃尔迪（D. J. Waldie）的《神圣的土地》（1996）含有 316 篇散文，有些只有短短的一句。这本散文集描写了作者在莱克伍德镇从童年到他至今作为当地官员的生活。
　　②　见他们和杰夫·斯佩克（Jeff Speck）合写的《郊区国家》（*Suburban Nation*）（2000）。

边界地带。富人们享有两栋房子，一栋在乡下，一栋在城里。穷人通常是农民或农场工人，他们只有一个小农舍。只有中产阶级想拥有一切好处。他们想在只负担一栋房子的情况下既能享受城市生活又能享受乡村生活（图2—1）。虽然不得不应付着恼人的日常通勤，但他们能够置身于树和花的大自然中，远离工业资本主义下的城市污染、传染病和经济压力。

图2—1 "从新泽西的维豪肯镇（Weehawken, New Jersey）看到的纽约风景"。前景是边缘地带的景观，通勤者正在走向渡船码头。这是纳塔涅尔·帕克·威利斯（Nathaniel Parker Willis）的《美国风景》（第二卷）（London: G. Virtue, 1840）中以 W. H. 巴特利特（W. H. Bartlett）的绘画制作的钢板画。图片提供：耶鲁大学的 Beinecke 稀有图书和原稿图书馆（Beinecke Rare Book and Manuscript Library）。

边界地带家族有两个富有灵感的领袖人物，他们都是畅销书的作者。一个是苗圃工人之子安德鲁·杰克逊·唐宁（Andrew Jackson Downing）。作为纽约 Newburg 的风景顾问，他沿着哈德森河（Hudson River）进行了考察，帮助设计他认为最适合边界地带风景和生活的乡间家园的风格。他的《论风景园艺的理论和实践——附对乡村建筑的简评》解释了怎样用十年的栽培和劳动把一个普通的农场转化成一个绅士豪宅（Downing, 1941）。

《别墅》一书详细论述了 1842 年的建筑选择。

另一领袖人物凯瑟琳·贝歇尔(Catherine Beecher)是 1842 年出版的《论家政经济》的作者和 1869 年出版的《美国妇女的家园》的作者之一。她也为支持边界地带的读者写作。她激励妇女要管理好郊区的房子和家庭,教导妇女们要呆在家里并掌握有效的家庭设计和园艺技能,并承担养育大家庭的神圣职责。她称之为"耶稣基督的家庭教堂"。唐宁(Downing)和贝歇尔(Beecher)的设计含有性别区分,是虔诚的中产阶级的生活方式。他们是这种设计的两个先锋作家。尽管人们对女人们的"寂寞村庄(Lonely-ville)"有抱怨,这种男子耕地女子养育家庭的生活方式一直保持着影响力。① 但是,这些出谋划策的人无法解决边界地带的一个问题,那就是城市的入侵。工厂及其员工占领了那些 19 世纪 20 年代在曾经是遥远的、田园般的地方建起的住房。这些地方还充满了大批未经允许就住下来的人临时搭建的小房子。这些人会在草地上放养羊和猪,也有可能会盗取他们中产阶级邻居的木材。②

二、风景如画的地方(1850 年)

当景观设计师和建筑师开始把全新的郊区社区设计成风景如画的地方时,边缘地带的景色和家庭价值观被编纂并延伸了。起始于 19 世纪 50 年代,浪漫主义的歌德文艺复兴和希腊文艺复兴式的住房出现在蜿蜒于丰富景观中的路上。这类社区通常保留出一块地用作中心公园。共享的社区活动和仪式可以在公共场所举行。对样本郊区住宅区神圣的理想主义,把风景如画的地方和其他 19 世纪中叶城镇建设的努力结合起来。这些城镇创立人相信,建立一个样本社区会引发一场社会变革。埃默森(Emerson)在 1840 年对震教徒(the Shakers)、Oneida 完美主义者(the Oneida Perfec-

---

① 对贝歇尔(Beecher)的影响力的估计,请见 Hayden(1977)。对这些问题的争论,请见 Hayden(1981)。

② 弗莱德利克·劳·奥姆斯特德(Frederick Law Olmsted)1860 年的书信,引用于菲什曼(Fishman)(1987)。

tionists)、新泽西州红堤镇(Red Bank, New Jersey)附近 Charles Fourier 的北美方阵(the North American Phalanx)以及马萨诸塞州西洛克斯伯里的(West Roxbury, Massachusetts)布鲁克农场(the Brook Farm)的追随者等共产社会主义者的评价是"虽然没有博览群书,但他们怀揣着一个新社区的蓝图"。所有这些共产主义者都认为他们自己正在建设"专利局承认的模范社会",因为他们相信其他城镇建设者会把他们的当做典范(Hayden, 1976)。很多早期的郊外居民区都带有相同的宗教狂热和环境决定论。在新泽西州的卢埃林公园市,发展商哈斯科尔(Haskell)自己是一个宗教完美主义者(图 2—2)。他的建筑师亚历山大·杰克逊·戴维斯(Alexander Jackson Davis),同时受聘于前面提到的新泽西州傅利叶(Fourier)的方阵(Wilson, 1979)。

图 2—2　有公共空间的风景如画的社区。新泽西州奥兰治市(Orange, New Jersey)卢埃林公园区的五月节(1860 年 5 月 30 日)。图片来源:*New York Illustrated News*,1860 年 6 月 23 日。

　　不同于共产主义者的城镇，也不同于以宗教宣传为目的的卫理公会派教徒（the Methodists）的露营会议，早期风景如画的郊区是富裕的（E. Weiss，1987）。在19世纪50年代设计的位于新泽西州奥兰治市的卢埃林公园社区把富有的商人、社会改革家以及宗教狂热者从城市中心吸引到更接近大自然的地方。戴维斯（Davis）早在20年前就已经出版了乡间住宅指南。他所指的乡间住宅包括"美国小平房"、"农夫的房子"和"别墅"。在他描述的"别墅"中，妻子正站在门前的走廊上，而丈夫正推着婴儿车（Davis，1837；Wilson，1979；Schuyler，1986）。① 当哈斯科尔（Haskell）聘请戴维斯翻建一座旧楼时，他们合作得非常顺利，以至于这项工程变成了一个样本社区。哈斯科尔所有的土地起伏如山，那里既有风景、悬崖峭壁，还有池塘。哈斯科尔和他的朋友们，多数为商人、社会改革家及宗教理想主义者，具备大量资金，从而能利用地形建造宏大的维多利亚式的舒适建筑，并能享有全职住在自己家里的佣人。卢埃林公园的居民邀请记者参加了他们在中央公园举行的一个精心设计的欢庆仪式来庆祝五一节。② 尽管如此，很多样本郊区住宅区共有的事实是，他们从来没有完成开发起始时许诺的图书馆和其他社区设施的建设。

　　风景如画的郊区住宅区在报纸、通俗杂志、小说和戏剧中被宣传成美国生活的模范。弗莱德利克·劳·奥姆斯特德（Frederick Law Olmsted）在1869年设计伊利诺伊州的河岸镇（Riverside，Illinois）时，在那里栽种了3.2万株树木和4.7万株灌木，这是在一片沼泽般泥泞的平地上完成的最具影响力的设计。没有在报纸中报道的是，奥姆斯特德（Olmsted）认为他的客户正在酝酿一个"典型的逃脱投机"。发起人从芝加哥市政府窃取了50万美元来支付超支，然后在1873年的经济恐慌中宣布破产（Fishman，1987）。30年后，奥姆斯特德（Olmsted）的郊区住宅区壮大了起来。由奥姆斯特德

---

　　① 戴维斯（Davis）和唐宁（Downing）在出版物和授权的任务上是合作伙伴。

　　② 新泽西的肖特山镇（Short Hills）是一个相似的精心之作。它是由斯图尔特·哈茨霍姆（Stewart Hartshorn）开发的一个有广阔的公园用地和昂贵建筑的样本郊区。斯图尔特·哈茨霍姆靠发明了百页窗致富。他相信亚当和夏娃本应走进他可爱的城镇。更多的有关英美在这一时期的设计背景请见阿彻（Archer，1983）。

的工作室设计的有类似景观、蜿蜒街道的社区从乔治亚州的亚特兰大发展到纽约州的布法罗,并开始成为以后五六十年里很多其他建筑师、景观设计师和建筑商的标准,尽管经常是以简化了的形式。

为富人设计的风景包围的郊区住宅区继续发展着。其中一些不仅以它的风景出名,而且还以它的势利行为著称。1886 年,建筑师布鲁斯·普莱斯(Bruce Price)设计了纽约州的燕尾服公园(Tuxedo Park)度假村。这个度假村占用私人用地 6 000 英亩,配有厚重坚实的石门和只对内开放的俱乐部。四周被高 8 英尺、长 24 英里的电网包围着,并雇有私人警卫守护。普莱斯(Price)之女埃米莉·波斯特(Emily Post)是一位礼仪丛书的高产作家,称这个度假村为"美国乡村社区"(Post, 1911)。到了汽车时代,奥姆斯特德工作室的年轻一代设计了加利福尼亚州的 Palos Verdes。在那里,西班牙殖民风格的建筑物屹立在戏剧般的小山上远眺太平洋。那里还设有高尔夫球场和托儿所。具有讽刺意义的是,在把墨西哥节日作为当地惯例来庆祝的同时,居民们看到禁止墨西哥后裔在本地区买房的禁令(Marsh, 1990)。在密苏里州的堪萨斯城,J. C. 尼科尔斯(J. C. Nichols)开发的乡间俱乐部辖区有"1 000 英亩被限制的土地"禁止安插广告牌和非裔美国人居住(Worley, 1990)。

历史学家约翰·阿彻(John Archer)指出,早期的英国殖民郊区是"建立和提高一个人个人身份的场所,在那里可以以建筑的形式庆祝金钱和特权从生产过程中的脱离,尽管生产仍需要金钱和特权支持"。(Archer, 1977)。罗伯特·菲什曼(Robert Fishman)(1987)也对这一时期美国郊区的很多英国先例进行了研究。他把这一现象更简单地形容成"中产阶级价值观胜利的宣言",同时是"中产阶级从他们自己创建的工业世界中的脱离"。风景如画的社区是以风景秀丽的审美观为准设计的,并且以尊重自然景观、岩石、山丘、河流、湖泊、湿地和野生动物为原则。由于这种设计在空间上是值得认可的,这就使消灭种族歧视和某些社区的势利行为成为一项复杂的任务。正如玛丽·科尔宾·西斯(Mary Corbin Sies)(1997)指出的,居民保护自然特征的有效策略(很多其他美国人可借鉴的策略)通常会带有极度狭隘的对社会统一的观点。

三、电车扩建(1870 年)

从 19 世纪 70 年代开始,电车扩建成为郊区住宅区这一理想降了级的版本(Wood,1910)。就好像是公共汽车、马车以及电车的自然延伸,新建郊区沿着连接家庭住宅、商业和公寓大楼的交通线路呈线性发展。建设商们把在内城出租房屋中长大的第二代美国移民作为这些住宅的销售对象。此类建设工程的规模是适度的,并考虑到建设商们认同的意见。例如,在新英格兰地区,人们通常喜欢带有面向街道有尖顶棚的前门和高房顶,狭长的两层或三层的木质结构楼房。而在中西部和西部,小型平房或有阁楼的小平房通常更受欢迎。

尤金·伍德(Eugene Wood,1910)探讨了已经不能再延伸的宁静的电车郊区和拥挤的通勤。不同于风景如画的郊区,电车郊区从来没能从有薪或无薪的劳动中脱离(彩图 1)。每家都有包括妇女和孩子在内的多个有薪工作者。房子大多有多个为亲戚和来访者准备的客房。主妇们还要饲养家禽,种植植物。同时,在这些社区中,要想生活得好,辛勤的劳动是必不可少的。一些城市中的普遍现象是,很多人既是房子的所有者又是建设者。人们以某个社区收入的高低和交通便利性对其进行评估。提供社会活动中心的组织通常是像爱尔兰裔、波兰裔、意大利裔这样的民族团体和教会。受过训的建筑师很少参与电车郊区的建设。市政府的规划师和工程师提供了水管、煤气灯或电力等基础设施,并考虑要合并更多的土地。

因为密度高而且在地理位置上非常接近市中心,今天的电车郊区也许不会被看作郊区。人们也许管它们叫作"老邻里"。它们在美国不同地方在形式上和年龄上都有所不同。在波士顿,所有者兼建筑者的人通常以极小规模运作,在其整个职业生涯中也就建两栋或三栋房子。芝加哥的塞缪尔·格罗斯(Samuel Gross)经营规模要大一些。他负责好几万栋房子,以不同的价格出售,还可以以长期计划购买。底特律(Detroit)的情况介于两者之间。①在旧金山日落区,一个不寻常的电车郊区是由电车本身翻建的。老化了的电车从交通服务中被淘汰了,然后被改造成市场最低标准的居民区(Reese,1999)。

无论城市怎样,电车郊区里前院的小花园经常被高强度地种植着。人们可以通过不同的植物来辨别不同种族的邻里。品种繁多的厨房花园与风景如画的高尚住宅区里有异国情调的景观形成对比(Hayden,1995)。在电车郊区受到妥善保护的地方,土地可以被混合利用,这就方便了人们的生活。这使我们应该根据它紧凑的土地利用形式和良好的公交系统重新评估电车郊区。电车郊区还是老年家庭和老少三代家庭的好选择。这是其他形式的郊区不能比的。

四、邮购和自建的郊区住宅区(1900 年)

到了19～20世纪之交,顾客可以从商品目录上订购房子。邮购和自建的郊区住宅就这样诞生了(图2—3)。顾客首先挑选设计图,然后把木材乃至每一颗钉子和门把手运送到施工地点。随着像 Sears、Aladdin、Pacific Ready-Cut Houses 这样生产邮购住房公司的崛起,美国的住房问题脱离了地点和邻里的选择问题(Gowans,1986)。一开始,这些公司希望吸引愿意自己动手的私房屋主。但是,这些成套配件很难组装到一起。很多灰心丧气的屋主不得不请木工来帮助他们组装。为简化工作,很多公司从此开始预装一些镶嵌式橱柜、卫生间等房子的独立部分。他们有时还会在 30 天内派工作队去组装房子(Hayden,1995)。

其他私房业主坚持自己建房。有时因为资源缺乏,如果有必要的话,他们宁愿多花些时间利用从废品中回收的材料来建造。位于克利夫兰市(Cleveland)外的查格林瀑布公园(Chagrin Falls Park),现属于非裔美国人的郊外住宅区,是那些在缺乏基础设施条件下建成的令人骄傲的地方。一

---

① 有关波士顿,请见沃纳(Warner,1972)、埃德尔(Edel)、斯克拉尔(Sclar)和卢里亚(Luria,1984);有关芝加哥,请见赖特(Wright,1980);有关底特律,请见聪茨(Zunz,1982)。沃纳(Warner)评论道,波士顿地产投机商的经营规模要比建筑商的大。

图2—3　载满组装房屋配件的卡车,太平洋可携式建筑公司(Pacific Portable Con-struction Co.,Inc.),洛杉矶(Los Angeles),大约在1915年。图片提供:多洛雷斯·海登(Dolores Hayden)。

位居民这样说道:"我认为我的生活条件好了……我现在可以呼吸到新鲜空气,并有菜园和花园"(Wiese,1999;Harris,1991)。

　　到了1915年,洛杉矶市发展了1 200英里的公车线路,是全美最大的公共交通系统。在像洛杉矶这样的城市中,密集的新英格兰地区和中西部风格的电车郊区变成了巨大的土地销售地,为邮购房屋和自建房屋搭设了舞台。很多电车公司是私营的,他们也经常涉及土地生意。洛杉矶分部时常举办大型烤肉派对,以大块的烤肉来吸引潜在购买者参加地皮拍卖会。在芝加哥,开发商搭起了马戏团的帐篷,请来了波尔卡乐队。小货车装满了一桶桶的用来吸引客户的啤酒。

　　在他们新购置的郊区地皮上,人们可以自己决定建造什么样的房子,而且很多人选择邮购的方式。结果是,西班牙殖民时代式的房子也许会建在工匠的平房式房子旁,或建在新英格兰海角式的房子旁。邮购制造商意识到这里邻里关系的松懈,随即组织俱乐部为顾客时不时地举办野餐。一些制造商还付佣金给那些为公司招徕新顾客的老顾客。有些新社区还是完全由邮购房屋构成的。这样的社区包括以某一公司为中心发展起来的镇,包括迅速繁荣起来的镇和矿业镇。总的来说,它们不仅仅在建筑风格上千变万化,而且一旦地产出售,电车公司就会停止这一地段的公交线路。因为汽车越来越普及,它能带人们去新地带的购物中心。

在1929~1946年间,由于大萧条和第二次世界大战,几乎没有新建住房和郊区住宅区。然而在这段时间,为使经济从大萧条中恢复过来,赫伯特·胡佛(Herbert Hoover,商业部部长,后来成为美国总统)把促进住房所有制作为一项重要的商业策略。通过胡佛的努力,美国联邦政府介入住房供给。胡佛政府的商业部大力支持一个名为"美国更美好家园有限公司"(Better Homes in America, Inc.)的组织(Wright,1981;Radford,1996)。[①]到了1930年,这个组织已是一个由超过7 000名银行家、建筑商和制造商组成的地方分部联盟。它游说政府支持私人开发商的民宅建设,成为美国增长机器的出发点。

继续胡佛政府的政策,罗斯福时期经历了新交易计划(the New Deal)中新镇计划的制定以及公共房屋供给法令的制定,但是它们的影响力不是很大。联邦政府曾计划建设样本镇以给战时工人提供住房(由 Eero Saarinen、George How、Louis Kahn、Oscar Stonorov 设计),但此计划被房地产的游说议员击败了。自建郊区则自然而然地在密执安州(Michigan)Willow Run 工厂附近成长起来。那里是福特汽车公司在二战时制造轰炸机的地方。相似的自建还出现在圣地亚哥的海军基地周围(Peterson,2002)。到了20世纪70年代中期,房地产商忙着诋毁公共房屋建设是非美国精神的,并宣称政府对私人房屋发展的补助是民主的要素。在1947~1948年间,由参议员约瑟夫·麦卡锡(Joseph McCarthy)控制的住房供给听证会幕后的银行家、房地产商和建设商进行了大量游说。罗莎琳·巴克森德尔(Rosalyn Baxandall)和伊丽莎白·埃文(Elizabeth Ewen,2000)在

---

① 拉德福德(Radford)强调了胡佛对标准化的兴趣。

《画片窗户》(*Picture Windows*)一书中对此进行了揭露。麦卡锡(McCarthy)发展了他大锤风格的拥护者。他们认为公共住房和经规划的城镇是社会主义和共产主义。

五、情景剧郊区(1950 年)

20 世纪 40 年代晚期和 50 年代的情景剧郊区是在多种联邦政府的扶持下建成的(彩图 2)。这些联邦政府的扶持包括给购房者的抵押津贴、给开发商的贷款津贴以及有补助的高速路。这些郊区住宅区与国家电视节目同时出现,很多还把电视机嵌入了客厅的墙上。文化评论家,例如刘易斯·芒福德(Lewis Mumford),批评这些住宅区的样式单一。但是从 20 世纪 40 年代晚期开始,这种占地少的独户家庭住房是男性当家的白种家庭能找到的最便宜住房。

大规模生产的情景剧郊区住宅区很多是为二战老兵建的,没有什么社区公共设施、工作机会或公共交通选择。它们与早期更小的邮购和自建社区相似,都需要汽车来上下班。不同的是它的城市级别。例如,第一个情景剧郊区利维特镇(Levittown),总共有大约 1.7 万栋房子,5.5 万人口。加利福尼亚州的莱克伍德甚至更大。新的开发项目被远远大得多的公司承建。这些大企业有大量广阔的土地并与联邦政府合作,出售基本的小房子。他们把自己形容成社区建设者,因为他们建了一些游泳池和小型商业中心(M. Weiss,1987)。

尽管此类郊区里的非工会工人的生产规模和速度反映了美国战后的工业威力,其设计却是怀旧的鳕鱼角(Cod Cape)式的茅舍或牧场。① 不同民族和宗教的工人阶级居民杂居的程度超过从前——意大利裔美国人、波兰裔美国人和俄罗斯裔美国人,但天主教徒、新教徒和犹太教徒——都是白人。种族隔离始终是郊区历史的一部分,现在更被政府的贷款政策和当地

① 对这一时期建筑方法更详细的分析,从案例房子钢筋和玻璃的设计到莱维特(Livitt)对传统材料的依赖,请见(Hayden,1989)。

银行家的歧视加强了。同样,性别歧视也存在于贷款中。由于大规模的新土地和它在大众文化中的推广,种族和性别排斥的长期经济效应上升了。50年后,以有色人种和妇女当家的家庭仍然占住房所有权很低的比例。

以往的男性住房所有者会花时间把阁楼改成一间空闲卧室,或在自家草坪上割草。1948年,威廉·莱维特(William Levitt)作出了如下著名的评论:"没有一个有房有地的男人能成为共产主义者,因为他们有太多的事情要做了"(Larrabee,1948)。历史学家芭芭拉·凯利(Barbara Kelly,1993)记录了利维特镇居民的一些生活方式。他们的生活中还有一些以前自建郊区的活动。然而现在,多单元和多家庭类型的住房没有太多能被改装的灵活性。由三代人组成的家庭将会分开。年长的家庭成员会留在内城区租房住,而成年的儿女们则分布在新的郊区住宅区里。

在电视情景剧时代,一种样本家庭被认为适于某一种样本住房。在情景剧《把它留给Beaver、Ozzie和Harriet》和《父亲知道得最多》中,每个家庭都有一个有工作的父亲,一个呆在家的母亲和一个建在郊区街道上传统的房子。最近的电影,像《快乐村庄》和《特鲁门剧》,以讽刺手法描写了过于受约束的地方、新殖民主义那种外墙镶有木板的房子、加有尖桩篱笆整洁的草坪、正在做晚餐的穿着高跟鞋和裙装的母亲以及种族排斥。电视普及到每个家庭,甚至那些没有房子的家庭。正因如此,很多被20世纪50年代的情景剧郊区和公共住房津贴排除在外的人们仍把房子看成是财产和地位上升的象征。情景剧郊区是联邦政府的政策。它以激烈的社团游说为后盾,通过把样本郊区置于电视情景剧里加以巩固。成千上万的促销其他产品的电视广告也使用样本住房作为场景。这些广告囊括了从洗涤精到纸尿片,从洗碗机到Dodge汽车的各类产品。"美国更美好家园有限公司"(Better Homes in America, Inc.)这一组织的经济目标和为麦卡锡(McCarthy)效力的所有游说者的经济目标得以实现了。

这一时期的房地产开发商和情景剧及电影制片人之间的互相影响是匪夷所思的。在电影《天堂里的单身汉》里,单身汉(Bob Hope)前往加州某处去写一篇当地社交生活的分析文章。他当然会讨厌这个任务。在电影结尾,他与方圆几百里唯一的单身女郎结婚,并欣然留在那里居住。在《布兰

丁斯先生建造他的梦中房子》(*Mr. Blandings Builds His Dream House*)
(Hodgins，1946)中，一个广告执行官卡利·格兰特(Cary Grant)厌倦了纽
约，随即举家迁到了一个隔离的、订购的、新殖民主义式的郊外房子。在那
里，所有物品都被高价出售(因为 Eric Hodgins 是美国《财富》杂志的作家
之一，他的小说及其改编的电影很有可能是为了与麦卡锡的住房供给听证
会并肩进行宣传。他认为私人建筑商所强调的以联合建筑贸易作为战后住
房供给是不可能的，并攻击公共住房供给的"共产主义"本性)。超过 70 栋
布兰丁斯先生的"梦中住房"式的样本房在全国建成，并作为电影的公映抽
奖销售(Jurca，1998)。在堪萨斯城(Kansas City)，开发商 J. C. 尼科尔斯
(J. C. Nichols)证明他可以以更少的花费建造同样的房子。订单随即蜂拥
而至。

与此同时，Hodgins(霍金斯)写了一篇续集，但没有被拍成电影。在续
集中，男主角放弃了日常通勤把家搬回了曼哈顿中城。在那里，他可以走着
去广告公司上班，销售狗食和威士忌。不幸的是，大多数住在郊区的人负担
不起这样的生活。他们被把他们描绘成住房所有者先生(Mr. Homeown-
er)和消费者太太(Mrs. Consumer)的情景剧迷惑住了。房子建得越来越
大。由于人们发现了"宫殿津贴"———一种随着房子大小和成本升高而升高
的房款抵押利息的税收减免———很多家庭试图买更大的房子。据估计，宫
殿津贴在 1994 年高达 8 100 亿美元，并持续高于美国住房供给和城市发展
部(U. S. Department of Housing and Urban Development)的年预算
(Kemper，1994)。

六、边缘结(1960 年)

从 20 世纪 60 年代开始，私人开发商以大规模地修建商用房地产来响
应联邦政府扶持的州际高速公路基础设施建设，并改善情景剧郊区缺乏有
规划的中心、公共场所和公共设施这一情况。商用房地产正是边缘结的基
础。商厦和办公大楼在州际高速路的坡道旁崛地而起。由于很难给它们定
位，这些地方往往有像"7 号路和 84 号路交接口"的名字(彩图 3)。"外城"

或"边缘城市"等词汇无法解释这些地方。也许"税都"（Taxopolis）是个更贴切的名字。历史学家指出，由于 1954～1986 年间的联邦税收政策加速了在绿色地块新建商用房地产的贬值，这些新的商用房地产通常是建在郊区环的边缘。对于"各种可创利的建筑"，包括汽车旅馆、快餐店、办公楼、租赁公寓，当然还有购物中心，发展商都可获得巨大的课税勾销。正如汉切特（Hanchett）（1996，1999）所说，"贯穿 20 世纪 50 年代中期，开发商在不断成长中的郊外地区寻找开发地。现在，购物中心开始出现在超越了现有发展边界的玉米地里"。在 20 世纪 60 年代后期，对发展商有利的免税政策大约每年花掉联邦政府的 7.5 亿到 8.5 亿美元。另外，加速折旧鼓励了廉价建设，同时不利于恰当维护。

边缘结的兴建带来了大商厦的兴起，但同时破坏了大量主街。节点经常扩散到附近古老的主干道上。在那里，不太严格的分区制和汽车的使用（以及与汽车使用相关的服务设施，例如，广告牌、快餐、加油站、汽车销售和汽车旅馆）早已在 20 世纪 20 年代盛行。方位图依比例定到卡车或小汽车，但从来没有定到行人。只有最低限度的公共交通能到达边缘结地带，而且线路常常加剧了种族和阶级之间的隔离（Cohen，1996）。

后来，边缘结地带增加了更多种类的建筑——办公园、工业园、"大盒子"折扣店、动力中心（"大盒子"的团体）以及试图看起来像个村庄的处理品商店，还有多观众厅电影院和高速公路教堂。这些建筑是廉价的；有着加倍的折旧速度；磨损速度也很快。当地商业越来越少。部分是由于逐渐扩大的全球经济，商业日益与全国或国际连锁紧密结合。这些商业通常需要有方便的机场和卡车运输。仓库似的建筑由相关设施管理协议监控，与它们坐落的城镇毫无关系（Easterling，1999）。

尽管边缘结已成为最引人注目的美国郊区景观，拥护它的人并不多。那些支持它的人，比如乔尔·加罗（Joel Garreau，1991），倾向于把它看成经济增长暂时且粗糙的前沿。边缘结地带住房的存在常常是开发商以负担得起的住房填充剩余地皮的结果。附近的高速公路使很多这类住房不受欢迎。不同于其他更早的社区形式，只要有其他选择，几乎没有人会选边缘结上的房子。数百万在边缘结上工作的人们拒绝住在像弗吉尼亚州泰森角市

(Tysons Corner, Virginia)或伊利诺伊州让姆堡市(Schaumburg, Illinois)等地方。它们是摄影师鲍勃·斯拉沃(Bob Thrall)所纪录的一个环境,并有一个具有讽刺意义的名称:"新美国村庄"(*The New American Village*, 1999)。取而代之的是,很多美国人选择到更偏远的农村边缘居住(Daniels, 1999)。

七、电子空间边缘(1990 年)

20 世纪早期的时候,始于邮购郊区,继而是情景剧郊区,美国人开始把住房与其所在的邻里分开考虑,并且开始只把房子本身完美化。到了 20 世纪 90 年代,消费者都集中在住房上了。尽管工作地点已经迁到了边缘结地带,价格低廉的汽油和受到补助的高速交通使得上班族能够往返于边缘结和边缘结以外的地区,并住在偏僻的农村地区。这样就形成了一个新的郊区模式。我把它命名为电子空间边缘。电子科技(电子空间)的到来使得由两个上班族构成的家庭更容易住在偏僻的地方(Wolf, 1999)。[①] 由于有些上班族可以从事远程办公,很多住宅会附带一个家庭办公室。一些像佛蒙特州这样的农业州甚至也受到了边缘发展的大力影响,以至于这种电子空间边缘的发展吞噬了小镇及其具有乡土气息的景观(Campoli, Humstone and MacLean, 2001)。无论有无家庭办公室,富裕的美国人正消耗着世界资源中令人惊愕的一部分来维持着越建越大的住宅,并维持着大住宅所带来的消费方式。

由于农村边缘郊区有着乡村田园般的生活方式,它似乎是 19 世纪 80 年代边界地带美学的复苏,并以现代电子技术为支持(彩图 4)。20 世纪 80 年代中期,很多女权主义者认为郊区住宅和邻里可以靠增加托儿所、养老院、家庭办公室和附属设施得到进一步改进。每一个有计划的变化都是对妇女更多参与有偿工作和在新型家庭中地位提高的回应。新的家庭类型包括有两个上班族的家庭和单亲家庭。改进了的郊区住宅区比传统的独立郊

---

① 沃尔夫(Wolf)把可以完全自由选择办公地点的上班族叫作"孤独的鹰"。

区住宅能提供更大的灵活性。

只有少数新的美国住房工程考虑到多户家庭住房设计对新的服务要素的需要。相反,由于郊外办公园区、商厦和工厂带来了更多的工作,人们继续在边缘兴建着单户家庭住房。越来越多的家庭雇用有色穷妇人作保姆和佣人(Ehrenreich,2000)。像 Merry Maids 和 Maids Internation 这样的清洁服务公司只支付工人最低工资,而对客户索取每个工人每小时 25 美金的家政服务费。虽然电子科技的提倡者鼓吹农村边缘郊区是一种时尚,但它的形式却仍是以有性别区分的维多利亚式建筑为主。旧时代的低薪佣人仍然普遍存在。在乡村边缘郊区里,女性仍从事没有报酬的家务劳动,男性则从事像除草等庭院劳动。它就像唐宁和贝歇尔(Beecher),妇女的束身内衣和衬裙,硬翻领和双排扣大衣一样古老。

在很多妇女眼中,最初的边界地带是寂寞村庄,新建的乡村边缘郊区也是如此。当妇女有了家务以外的有偿工作后,社会联系也增加了。但孩子和父母、丈夫和妻子的联系就少了。当美国的男人和女人拼命地工作来支付建在曾是农田或森林的偏僻土地上的住房和汽车时,情景剧郊区那种以父母和孩子组成的核心家庭解体了。大房子的布局设计通常很差。随着兴建大房子的潮流而来的是拆除。为了能在乡间或老郊区社区受欢迎的地点建造比现在大三至四倍的房子,原有的房子就要被拆除,其中一些还是历史性建筑。

另一个潮流是在边缘地带发展风景如画住宅区——大型郊区发展。它们大多价格昂贵,有些有门卫,有些还是以历史风格设计的。这些是由很多过去曾经制造过更传统的下级分区的大开发商组织的绿地开发。土地的低成本和可以不受当地规章管理就能获得大量土地的便利把这些大开发商吸引到了边缘地带。

为什么边界地带和风景如画住宅区的思想能延续下来呢?很多田园梦想在 20 世纪 50 年代复苏(Spectorsky,1955)。当时,住在城市远郊的居民以专用豪华班车通勤于像康涅狄格州韦斯特波特(Westport,Connecticut)这样的城镇和纽约的麦迪逊大街之间。他们其中一些人是在商业和广告业工作的高薪阶层。他们想要向住在情景剧郊区的低薪居民销售电视节目和生活消费品。商人和广告人喜欢把他们自己看成优于住在大批量生产的情景剧郊区的居民。媒体工作者认为他们是生活方式的先锋。他们同时享受着两种生活,既有动感十足的城市工作又有乡下住宅,既有文化刺激又有自然美景——都是两个世界中最好的,并且没有任何折衷。他们在工作中传播这些价值观,但是他们的边界地带情景总是要有佣人或无偿工作的母亲。边界生活还要有能获得无穷无尽的可利用的土地的信念,并要有交通和传媒等新技术来克服距离的障碍。随着一代又一代的新人,随着从内城到边缘每一英里的扩张,这种生活方式无论是从社会角度、生态角度还是形式本身来看都变得越来越难以维持了。

八、回到边界地带和风景如画的地方,还是超越它们?

很多 19 世纪和 20 世纪早期的空间习俗和社会期望保留至今——各个郊区层次纠缠在记忆中、经历中和习惯中,也混杂在通俗文化的形像中以及建筑师和城市规划师的声明中。在 19 世纪前半期,坐落在风景如画的地方的浪漫住房这一不朽的理想就已形成了。这类住房主要是精英人士的高级社区。这一理想分三层。首先是单个家庭住宅区,然后是 19 世纪 20～60 年代风景如画的富人住宅区。当郊区住宅也为住在电车扩建郊区、邮购住宅郊区和情景剧郊区的工薪家庭大批量生产时,这一理想失去了一些势力的色彩。但文化评论家却嘲笑这种大批量生产的郊区住宅。尽管只有有限的自然环境,适度大小的房子和院子使普通工人阶级也能感到大自然的亲近,使他们能够养活一家子,并能够和其他郊区居民建立联系。通过辛勤的劳动,简陋的住所也能变得很舒适。虽然工人阶级的住房模式在形式上很简陋,但它看起来远远更有悟性。它考虑到了经济制约和家庭以及工作之间的种种联系。它暗示了怎样超越而不是返回到边界地带和风景如画的郊区住宅区的道路。

任何对城市蔓延的成本分析都要以详细的经济史为基础,并要以对美国郊区各个层次是怎样形成的、重建工作是怎样实现的充分了解为基础。没有这样的历史分析,就很难衡量新提议的优势与劣势。今天的建筑师和开发商经常建议,因为新的风景如画住宅区有最少的限制,它是解决城市规划中种种问题的最佳途径。[①] 新的风景如画住宅区密度适宜,面积和街道的宽窄也很合适。它的缺点是过高的价格和对绿地的占用。

朴素的工程带有更多的经济悟性,例如康科德村庄(Concord Village)。它是印第安纳波利斯(Indianapolis)的希望工程IV,由印第安纳波利斯住房当局(the Indianapolis Housing Authority)的执行理事尤金·琼斯(Eugene Jones)管理;由印第安纳波利斯的Clyde Woods和波士顿的蒂斯(Tise)、赫维茨(Hurwitz)及迪亚曼德(Diamond)设计(Epp, 1996;Eckert, 1996)。作为广泛的地方经济发展策略的一部分,规划师、建筑师和组织者们培训小型承包商以单个住宅为单位来修建部分工程,而不是把整个工程承包给一个大建筑商。他们的工程规模是非裔美国人邻里的电车郊区和自建郊区。他们培训小型建筑商,使他们能够新建一两个家庭居住的单元。这样才能在规模上和街道的风貌上与现有的老邻里保持一致。对有关职业人士来说,例如工程建筑师丹尼尔·格伦(Daniel Glenn)和奥伦·多森(Olon Dotson),这是一项需要很多组织工作的、艰难乏味的工作。但是他们意识到住房的多元化是经济生产和再生产的一部分。他们认识到在外形上把新工程与现有社区连接起来的重要性。

美国郊区住宅区的历史是一个寻求三种梦想的历史:房子、院子和社区。尽管工薪家庭经常不得不自己造房,并需准备出维修房子的额外现金,数百万的家庭都拥有房子和院子。社区的建设则一直有更多的不确定性。中产阶级的社区空间通常比工人阶级的社区空间更有保障。但是无论何处,社区是靠住在里面的居民建设的,而不是靠开发商。设计师可以提供能支持或限制社区发展的公共空间,但是这里没有有魔力的联系,也没有一个建筑业可以建设更美好社会的完美城镇。那是19世纪40年代的想法。那时,设计师们认为完美的监狱可以消灭犯罪,完美的医院可以治愈精神

---

① 设计师的有思想的著作包括卡尔索普(Calthorpe, 1993),卡尔索普和富尔顿(Calthorpe and Fulton, 2001),杜阿尼、普莱特—奇伯克和斯佩克(Duany, Plater-Zyberk and Speck, 2000),加尔文(Garvin, 1996),格林和赫尔普汉德(Girling and Helphand, 1994),罗(Rowe, 1991),索思沃斯(Southworth, 1997),斯特恩和马森加尔(Stern and Massengale, 1981)。

疾病。

九、政治上的启示

在已经拥有住房(经过了种种努力才获得的)、公共基础设施和社区网络(通过多年相处才形成的)的地方培养和保护老郊区,填充并修复而不是重新设计是合理的。活动家和选民团体在这一过程中是不可缺少的力量。现在是该修补大都市景观中各个分散的层次的时候了,是该考虑怎样处理每个类型的时候了。同时我们要牢记政府津贴在过去几十年里的分布是不均衡的。我们想要更平等的分布。联邦政府津贴的第一次浪潮发生在20世纪40~50年代,它是发给住宅所有者和民宅开发商的。第二次浪潮是在20世纪50年代中期到80年代,它是用来支持商用房地产业的。第三次浪潮是一种交通和基础设施补贴。迈伦·奥菲尔德(Myron Orfield)的《大都市政治》(*Metropolitics*,1997)对此有所记载。这次津贴用从低收入的中心城市和老郊区征收来的高财产税来支持远离中心的富有郊区的新开发。作为一名律师和明尼苏达州的议会成员,奥菲尔德辩论道,联盟必须建立在州政府基础上,这样才能克服联邦项目和地方利益的不足。他认为变化是长期政治活动的产物。当然,更好的规划和设计需要一个新的政治结构。他给我们的启示是,规划师和建筑师需要像公民一样更加活跃,因为公民对能扶植更好设计的必要政治变化有强烈兴趣。

与此同时,作为决策人,规划师和建筑师可以看看他们对开发商了解多少。既然美国人居住在开发商靠80年的游说和50年的政府补贴建造的令人很不满意的郊区景观里,规划和建筑业的职业人士应怎样评价通过城市设计和区域规划来遏制城市蔓延这一做法呢?尽管理性增长在过去的几年中获得了广泛认可,并且人们可以在很多网站上看到控制城市蔓延的建议。这些建议还远远太过广泛。在经济形势有利的时候,人们很难阻止开发商冲进新的商用和民用房地产开发。在理性增长被视为解决办法前,增长机器应受到批评(Molotch,1976;Molotch and Logan,1987;Fodor,1999;Daniels,1999)。开发商所持的假设前提常常是,当旧的层次消失时,大规模的增长必须发生。这对保护现有的所有层次,力求翻新而不是重建的目标有什么意义呢?

同样,新的城市规划建筑师想要开发绿地的愿望应该与保护绿地的承诺相平衡。威廉·富尔顿(William Fulton)(1996)问道:"新的都市生活是希望还是骗局?"这些建筑师是一群反对分类的人。很多他们的提议并没有争议——各地设计师都支持步行者的比例,甚至那些自称为现代主义者的设计师。很多新的城市规划设计是合理的。但是在他们想取得成功的热情中,一些新的城市规划专家听起来就像建筑学上的决定论者。他们相信,正确的设计是使社会运作的要素。他们不愿承认,即使是在最差的环境里,很多人仍会为建立一个社区奋斗。有些人似乎过于信任那些对用来保持狭窄街道或统一房顶沥青的复杂的宪章、规范、准则、清单和手册(Calthorpe and Poticha,1993;Duany,Plater-Zyberk and Speck,2000)。有时,这些规则就好像是会把异教徒驱逐的新宗教的教条。

新城市规划师的很多客户是以营利为目的的大型开发商,他们有能力支付大规模开发的经济负担。但是最近的分析表明,这些客户经常只接受新城市规划师的部分意见,或只有在对他们有利时才遵守规范和清单(Ewing,2000)。其他城市设计师的客户包括城市和区域规划当局。加利福尼亚州的设计师彼德·卡尔索普(Peter Calthorpe)支持负担得起的住房以及交通和能源保护等项目。佛罗里达州的安德烈斯·杜阿尼(Andres Duany)和伊丽莎白·普莱特—奇伯克(Elizabeth Plater-Zyberk)承建了一大批工程,其中有很多高薪项目强调新传统建筑和小城镇的"第二次到来"。匹兹堡的 Ray Gindroz 既承建低成本的公共住宅,也发展了迪斯尼昂贵的新镇庆祝镇的模型。没有一家公司专门从事修缮和重建现有郊区的工作。这当然是因为很少有客户愿意资助这类工程或使这类工作有所回报。

我们需要以下各种非营利客户——公共住宅机构、非营利开发商、环境组织、经济发展团体——来资助郊区和旧城中心的重建。郊区发展的历史分析是对郊区七个层次的精细分析,它使人们清楚地意识到不同类型的干涉会在不同的地方有效。古老的风景如画的郊区固然需要保护,但给予的帮助应以对外开放那里的私有公园和自然景观为交换。正在老化的电车扩建郊区、自建和邮购郊区以及情景剧郊区则需要恢复公共交通（如果曾经被中断过的话），完善或增加绿地、学校和社会服务设施。我们也许可以用税收奖励来吸引产权所有人进行改进。对于更大的空间更充足的这类郊区来说，附属公寓也许更适合小型家庭居住。边缘结郊区给我们的教训是，我们要向开发商收钱而不是补助他们。我们要大声呼吁对景观的新要求和对基础设施的严格评定，这样才能限制新的商业开发，才能促进混合目的的开发。那么，应怎样对待乡村边缘呢？一个办法是制定增长边界，另一个是征收开发影响费，第三个办法是要求新的下一层分区中的专用公共空地要与现有空地连接起来。农田保护是第四个手段（Daniels，1999；Benfield et al.，1999；Benfield et al.，2001）。所有这些手段都是片面的。任何一个如果和其他几个结合使用都会有更大的效果。大都市的整体议程不应仅仅是各个部分的简单加法。

美国人中有 60％居住在郊区，这些郊区形成了大都市地区。随着对理性增长的讨论越来越多，保护郊区旧的景观特征和改进住房并扩大社区意识的项目需要由国家政策及地方行动支持。联合集团的游说造就了美国景观的现状，即数百万的私有住宅和相对来说几乎没有令人满意的公共生活活动中心的状况。几十年来，这些说客利用政府补贴和政治影响力来塑造私人住房市场。这些政府补贴本来可以用来更好地建设公共场所和基础设施。以白种男性为首的工人阶级家庭虽得益于此，但收入所得税的减免政策对富人总是对比只有平均收入的买房者更有利。由于联邦政府的政策，课税状况是复杂的。政府一方面承认商业开发在郊区中的必要性，一方面又对绿地保护提供奖励，并加快了商业用地的贬值速度。美国人对郊区住宅区的很多种形式都很喜爱，但对它的现状感到迷惑和不满。

新的一代有足够的理由希望重新开始。问题是很多美国人相信重新开始意味着对富人高尚住宅区实行全面设计控制，或把独立的房子建在未经开发的边缘土地上。那么，什么是更理性的呢？郊区是连接过去和未来，连接旧的不平等和新的可能性的枢纽。在现有的各种郊区中，性别、阶级和种族的不平等已经以物质的形式固定住了。不明智的环境选择也是如此。如果要改变这些，我们就要首先保护和改造已经被开发的郊区和旧城中心。

在把联邦政府、州政府和地方政府的津贴引到不太富裕的人手中,设计恰当的公共交通系统,或要求开发商对环境更负责任时,我们会遇到困难。活动家也许可以使选民致力于对现有郊区和城市的保护和修缮工作中,由此可以积累长期反对美国增长机器的政治压力。美国增长机器指的是在过去的80年间有很强影响力的房地产、银行、建筑业和汽车制造业的联合游说团。把美国大都市景观重新塑造成一个对社会和环境负责的发展的地方不可缺少的因素是政治上要有一个新的统一意见。

参考文献

Archer, John. 1983. Country and city in the American romantic suburb. *Journal of the society of architectural historians* 42 (May): 139-156.

___. 1997. Colonial suburbs in South Asia, 1700-1850, and spaces of modernity. In *Visions of suburbia*, Roger Silverstone, ed. London, England: Routledge.

Baxandall, Rosalyn, and Elizabeth Ewen. 2000. *Picture windows: How the suburbs happened*. New York, NY: Basic Books.

Beecher, Catharine E. 1842. *Treatise on domestic economy*. Boston, MA: Thomas H. Webb. Baxandall, Rosalyn, and Harriet Beecher Stowe. 1869. *The American woman's home*. New York, NY: J. B. Ford.

Benfield, E. Kaid, Matthew D. Raimi, and Donald D. T. Chen. 1999. *Once there were greenfields: How urban sprawl is undermining America's environment, economy, and social fabric*. Washington, DC: National Resources Defense Council.

___. 2001. *Solving sprawl*. Washington, DC: Island Press.

Binford, Henry. 1984. *The first suburbs: Residential communities on the Boston periphery, 1815-1860*. Chicago, IL: University of Chicago Press.

Calthorpe, Peter, and William Fulton. 2001. *The regional city: Planning for the end of sprawl*. Washington, DC: Island Press.

Calthorpe, Peter, with Shirley Poticha. 1993. *The next American metropolis: Ecology, community, and the American dream*. New York, NY: Princeton Architectural Press.

Campoli, Juli, Elizabeth Humstone and Alex MacLean. 2001. *Above and beyond: Visualizing change in small towns and rural areas*. Chicago, IL: American Planning Association Planners Press.

Cohen, Lizabeth. 1996. From town center to shopping center: The reconfiguration of community marketplaces in postwar America. *American historical review* 101 (October): 1050-1081.

Daniels, Tom. 1999. *When city and country collide: Managing growth in the metropolitan fringe*. Washington, DC: Island Press.

Davis, Alexander Jackson. 1837. *Rural residences*. Hand-colored folio, Beinecke Library, Yale University.

Downing, Andrew Jackson. 1841. *Treatise on the theory and practice of landscape gardening*, New York, NY: A. O. Moore.

___. 1842. *Cottage residences*. New York and London: Wiley and Putnam.

Drew, Bettina. 1998. Celebration. *Yale Review* 86 (summer): 51-70.

Duany, Andres, and Elizabeth Plater-Zyberk. 1992. The second coming of the American small town. *Wilson quarterly* 16 (winter): 19-50.

Duany, Andres, Elizabeth Plater-Zyberk and Jeff Speck. 2000. *Suburban nation: The rise of sprawl and the decline of the American dream*. New York, NY: North Point Press.

Easterling, Keller. 1999. *Organization space*. Cambridge, MA: MIT Press.

Eckert, Toby. 1996. Placing hopes in Hope VI: *Indianapolis business journal* (Dec. 9-15):1.

Edel, Matthew, Elliott D. Sclar, and Daniel Luria. 1984. *Shaky palaces: Homeownership and social mobility in Boston's suburbanization*. New York, NY: Columbia University Press.

Ehrenreich, Barbara. 2000. Maid to order: The politics of other women's work. *Harper's* 300 (April): 59-70.

Epp, Gayle. 1996. Emerging strategies for revitalizing public housing communities. *Housing policy debate* 7: 582.

Ewing, Reid. 2000. The future of land development. *Metropolitan development patterns: 2000 Annual Roundable*. Cambridge, MA: Lincoln Institute of Land Policy.

Fishman, Robert. 1987. *Bourgeois utopias: The rise and fall of suburbia*. New York, NY: Basic Books.

Fodor, Eben. 1999. *Better not bigger: How to take control of urban growth*. Gabriola Island, BC: New Society Publishers.

Frantz, Douglas, and Catherine Collins. 1999. *Celebration, U. S. A.: Living in Disney's brave new town*. New York, NY: Henry Holt.

Fulton, William. 1996. *The new urbanism: Hope or hype for American communities?* Cambridge, MA: Lincoln Institute of Land Policy.

Garreau, Joel. 1991. *Edge city: Life on the new frontier*. New York, NY: Doubleday.

Garvin, Alexander. 1996. *The American city : What works , what doesn't.* New York, NY : McGraw Hill.

Girling, Cynthia L. , and Kenneth I. Helphand. 1994. *Yard-street-park : The design of suburban open space.* New York, NY : John Wiley & Sons.

Gowans, Alan. 1986. *The comfortable house : North American suburban architecture 1890- 1930.* Cambridge, MA : MIT Press.

Hanchett, Thomas. 1996. U. S. tax policy and the shopping-center boom of the 1950s and 1960s. *American historical review* 101 (October) : 1082-1110.

Harris, Richard. 1991. Self-building in the urban housing market. *Economic geography* 67 (January) : 263-303.

——. 1996. *Unplanned suburbs : Toronto's American tragedy , 1900-1950.* Baltimore, MD : Johns Hopkins University Press.

Hayden, Dolores. 1976. *Seven American utopias. The architecture of communitarian socialism , 1790-1975.* Cambridge, MA : MIT Press.

——. 1977. Catharine Beecher and the politics of housework. In *Women in American architecture : Historic and contemporary perspectives* , Susana Torre, ed. New York, NY : Whitney Library of Design.

——. 1981. The grand domestic revolution : *A history of feminist designs for American homes , neighborhoods , and cities.* Cambridge, MA : MIT Press.

——. 1989. Model houses for the millions : Architects' dreams, builders' boasts, residents' dilemmas. In *Blueprints for modern living : Case study houses , history and legacy* , Elizabeth A. T. Smith, ed. Cambridge, MA : MIT Press.

——. 1995. *The power of place : Urban landscapes as public history.* Cambridge, MA : MIT Press.

——. 2000. Flying over Guilford. *Planning* 66 (September) : 10-15.

——. with photographs by Alex S. MacLean. 2001. Aerial photography on the Web : A new tool for community debates on land use. Lotus 108 : 118-131.

——. 2002. *Redesigning the American dream : The future of housing , work and family life* (1984. rev. and expanded). New York, NY : Norton.

Henderson, Susan. 1987. Llewellyn Park, suburban idyll. *Journal of garden history.* 7 : 221-243.

Hodgins, Eric. 1946. *Mr. Blandings builds his dream house.* New York, NY : Simon and Schuster.

Jackson, Kenneth. 1985. *Crabgrass frontier : The suburbanization of the United States.* New York, NY : Oxford University Press.

Jurca, Catherine. 1998. Hollywood, the dream house factory. *Cinema journal* 37 (summer) : 29.

Kelly, Barbara M. 1993. *Expanding the American dream: Building and rebuilding Levittown*. Albany, NY: State University of New York Press.

Kemper, Vicky. 1994. Home inequity. *Common cause* (summer): 14-18.

Larrabee, Eric. 1948. The six thousand houses that Levitt built. *Harper's* (September): 84.

Marsh, Margaret. 1990. *Suburban lives*. New Brunswick, NJ: Rutgers University Press.

Molotch, Harvey. 1976. The city as growth machine. *American journal of sociology* 82: 309-330.

Molotch, Harvey, and John R. Logan. 1987. *Urban fortunes: The political economy of place*. Berkeley, CA: University of California Press.

Orfield, Myron. 1997. *Metropolitics: A regional agenda for community and stability*. Washington, DC: Brookings Institution and Cambridge, MA: Lincoln Institute of Land Policy.

Palen, J. John. 1995. *The suburbs*. New York, NY: McGraw Hill.

Peterson, Sarah Jo. 2002. The politics of land use and housing in World War II Michigan: Building bombers and communities. Ph. D. dissertation, Yale University.

Post, Emily. 1911. Tuxedo Park: An American rural community. *The century magazine* 82 (October): 795-805.

Radford, Gail. 1996. *Modern housing in America: Policy struggles in the New Deal era*. Chicago, IL: University of Chicago Press.

Reese, Jennifer. 1999. Streetcar suburb. Preservation 51 (January/February): 52-57.

Rowe, Peter. 1991. *Making a middle landscape*. Cambridge, MA: MIT Press.

Rymer, Russ. 1996. Back to the future: Disney reinvents the company town. *Harper's* 293 (October): 65-71 ff.

Schuyler, David. 1986. *The new urban landscape: The redefinition of form in nineteenth-century America*. Baltimore, MD: Johns Hopkins University Press.

Separated by design. 2000. *New York Times*, sect. H (March 8): 6.

Sharpe, William, and Leonard Wallock. 1994. Bold new city or built up 'burb'? Redefining contemporary suburbia. *American quarterly* 46 (March): 1-30.

Sies, Mary Corbin. 1997. Paradise retained: An analysis of persistence in planned, exclusive suburbs, 1880-1980. *Planning perspectives* 12: 165-191.

Southworth, Michael. 1997. Walkable suburbs? *Journal of the American Planning Association* (Winter): 28-44.

Spectorsky, A. C. 1955. *The exurbanites*. Philadelphia, PA: J. B. Lippincott.

Stern, Robert A. M., and John Massengale, eds. 1981. *The Anglo-American suburb*. London, England: Architectural Design Profile.

Stilgoe, John. 1988. *Borderland: Origins of the American suburb, 1820-1939*. New Haven, CT: Yale University Press.

Thrall, Bob. 1999. *The new American village*. Baltimore, MD: Johns Hopkins University Press.

Transit Cooperative Research Program. 1998. *The costs of sprawl—Revisited*. Washington, DC: National Academy Press.

U. S. Bureau of the Census. 2000. *American Housing Survey, 1999*. http://www.census.gov/hhes/www/housing (June 2001).

Waldie, D. J. 1996. Holy land: *A suburban memoir*. New York, NY: St. Martin's.

Warner, Sam Bass, Jr. 1972. *Streetcar suburbs*. Cambridge, MA: Harvard University Press.

Weiss, Ellen. 1987. *City in the woods: The life and design of an American camp meeting on Martha's Vineyard*. New York, NY: Oxford University Press.

Wiese, Andrew. 1999. The other suburbanites: African American suburbanization in the North before 1950. *Journal of American history* 85 (March): 1519.

Wilson, Richard Guy. 1979. Idealism and the origin of the first American suburb: Llewellyn Park, New Jersey. *American art journal* (October): 79-90.

Wolf, Peter. 1999. *Hot towns: The future of the fastest growing communities in America*. New Brunswick, NJ: Rutgers University Press.

Wood, Eugene. 1910. *J. C. Nichols and the shaping of Kansas City*. Columbia, MO: University of Missouri Press.

Wright, Gwendolyn. 1980. *Moralism and the model home: Domestic architecture and cultural conflict in Chicago, 1873-1913*. Chicago, IL: University of Chicago Press.

——. 1981. *Building the dream*. New York, NY: Pantheon.

Zunz, Olivier. 1982. *The changing face of inequality: Urbanization, industrial development, and immigrants in Detroit, 1880-1920*. Chicago, IL: University of Chicago Press.

第三章　硅谷首都圣何塞是怎样迷失方向的
——战后城市蔓延的案例分析

格伦娜·马修斯(Glenna Matthews)

　　凭借它引人入胜的景色、温和的气候、多样的农业,位于旧金山以南 32 英里的圣克拉拉谷(Santa Clara Valley)以"心情愉快谷"("The Valley of Heart's Delight")闻名世界……园艺是县里的领头产业。可以肯定的是世界上没有一个地方可以像它这样生产这么多种高产量的水果……县政府所在地圣何塞,是这个多产地区的工业中心,并且很久以来被认为是世界上最大的罐头和水果干包装中心。

《加利福尼亚州蓝皮书》(*California Blue Book*,1928)

　　如果人们对城市蔓延的成因和结果感兴趣,没有比研究自封为"硅谷首都"的圣何塞的发展更合适的了。在 1950 年,面积将近 17 平方英里的圣何塞市大约有人口 9.5 万人。到了 2000 年,圣何塞市扩大到了 174 平方英里,人口据估计有 91 万人。那里的工业景观已经从果园和水果加工厂变成了高科技园区。只有少数昔日遗留下来的果园作为对怀旧之情的慰藉。这个极不平凡的转变是怎样发生的呢? 它的成本和利益是什么呢?

　　圣何塞是圣克拉拉县的县政府所在地。圣克拉拉县是一个覆盖了从北边帕罗埃尔图市(Palo Alto)(大约在旧金山 San Francisco 以南 30 英里)到南边农业镇吉尔洛伊(Gilroy)的辖区,它还包括一个肥沃的山谷和一个可爱的丘陵。20世纪前半期,圣克拉拉谷是世界上有史以来最大果园的故乡。超过10万英亩的土地用来种植水果,主要品种有李子、樱桃和杏。为了利用当地富饶的资源,过多的水果罐头厂和水果干包装厂出现了。事实上,甚至到了1960年,那里还有215个食品加工厂。虽然“心情愉快谷”仍像它在全盛时期时一样美丽,意识到果园对环境的不利影响也很重要。因为单靠自然降水不能维持树木常青健康,果树种植者就要靠井水浇灌。到了1920年,1万口井已经造成了地下水位的下降和土地的下沉。到了20世纪30年代,当地选民开始修建一个过滤大坝系统来补充蓄水层。这项工程后来成为了一个精心之作。

除了果树的浇灌问题,这个伊甸园还有更多的问题。20世纪30年代的大萧条证明了李子和杏等水果极易受世界市场变化影响这一弱点。这一弱点也存在于对特色食品需求弹性较大的国内市场。种植者们不顾一切地寻找着解决办法。到了30年代末,他们不得不连根拔掉了果树(图3—1)(Matthews,1977;1985)。由于果品业是当地经济迄今为止最重要的组成部分,如果种植者和加工者们受损,那么整个地区的经济也就会受损。

另外,即使是在市场兴旺时,果品业也是一个高度季节性的产业。到了第二次世界大战开始时,当地领导开始相信有必要使经济向多样化发展。某领导1972年在圣何塞扶轮俱乐部(the San Jose Rotary Club)作的一次演讲中回忆了那个过渡时期:“一半的劳动力在罐头加工业就职,他们只在夏天工作13个星期,剩下的时间都无事可做。当罐头厂举行罢工时(工人们通过20世纪30年代的努力已建起了联盟),所有人的希望都破灭了。商会大力号召更多的产业、更多和罐头加工没有密切关系的工作……”(Star-bird,1972)。

还是在珍珠港事件之前,食品机械公司(Food Machinery Corporation)(一家曾为罐头加工商和果树种植商提供设备的食品机械公司)就已取得了一份为军队建造水陆两用起落架的合同。它预示了圣何塞工业发展的前景(图3—2)。不久,当地一家小型机械商店——Joshua Hendy 五金商店(Joshua Hendy Iron Works)被选来为自由轮(Liberty Ship)建造双层引擎。这两家公司在战争中得到了总计大约2.89亿美元的联邦资金(Ab-

图 3—1　20 世纪 20 年代的"心情愉快谷"。大多数果园现已消失。图片提供:圣何塞州立大学的 Sourisseau 研究院(Sourisseau Academy)。

图 3—2　1929 年圣何塞市区的 Fiesta de las Rosas 节日游行。图片提供:History San Jose。

bott，1993）。IBM 在 1943 年决定在圣何塞建立穿孔卡片厂，推动了当地急需的经济多样化。

这些发展发生在圣何塞或是靠近它的萨尼威尔市（Sunnyvale）。在县的更北面靠近斯坦福大学的地方，电子工业开始发展。它是硅谷的雏形。大多数美国人不知道的是，在 20 世纪 60 年代半导体工业出现之前，圣克拉拉谷就已经是电子工业的故乡了。事实上，甚至比 1938 年惠普公司的创建还要早。在 19 世纪晚期，无线电波带来的科学突破引进了新的应用。其中一些应用后来被证明是很有商业和军事价值的。在旧金山湾区，商业和军事领域中出现了大量革新，包括世界上船和岸之间的第一个无线广播、第一个商业电台和第一个电视显像管（Sturgeon，1992）。

最重要的一项科技突破发生在第一次世界大战前的几年。李·德福里斯特（Lee DeForest）发明了真空管。行业里的领先电子公司——联邦电讯（Federal Telegraph）在其位于帕罗埃尔图的实验室里应用真空管把电子控制在一个震动回输电路里。因此，当斯坦福的工程教授弗莱德利克·特曼（Frederick Terman）在 1938 年鼓励他的学生威廉·休利特（William Hew-lett）和戴维·帕卡德（David Packard）开办他们自己的公司时，这里已经存在一个有利于他们发展的科学环境了。因为特曼想要他的学生留在这一地区，而不是到东部寻找工作机会，所以他是当地另一个渴望经济多样化，至少是部分多样化的领导者。

这就是后来在 1944 年发生的情况：经济大萧条猛烈打击了这一地区，但是这一地区已经看到了高科技和军事合同给未来带来的一线希望。第四军（the Fourth Army）在战争中驻扎在圣何塞是导致战后大规模变化的另一因素。无数人在战争中脱险，并且看到了一个理想的战后栖身之地。在 Lockheed 和 IBM 的一个大工厂在 20 世纪 50 年代中期落户于圣何赛之前，当地学校的学生数量就已开始剧增。从这一点可以看出，这一因素扮演着变迁的重要角色。Lockheed 和 IBM 后来变成了县里两个最大的私人雇主。事实上，在 1950～1957 年间，超过 120 所新学校在这一地区建成，一排排的房子像雨后春笋般崛地而起。① 圣何塞将会变成多洛雷斯·海登(Do-lores Hayden)所称的情景剧郊区的经典范例。在二战后的市场推动和联邦政策的共同作用下,圣何塞充满了新的住房开发。

1944 年的选举创建了圣何塞城市理事会。这一组织致力于为城市带来的变化。那一年,一些成员由于参军而离职。结果,一个叫作进步委员会(the Progress Committee)的团体得以成为理事会的多数席位。这些新来者很快解雇了自 20 年代就在这里的市长,取而代之的是像他们一样热衷于增长的人。然而直到 1950 年,他们才成功找到了既热衷于增长又能成就这一目的的有智慧和人格魅力的人。那年,A. P. 杜奇·哈曼(A. P. "Dutch" Hamann)上台执政。他虽然没有政府工作经验,但是他有出色的关系网——他在 30 年代曾是圣克拉拉大学的学生会主席——并且对一个城市应该怎样发展有明确的见解。他(哈曼)说过,如果你想要增长并且能够支付增长所带来的账单,你就不得不征用城市周边的地方。要想做到这一点,你不得不采取主动。否则,你的城市很快就会被周边结合起来的小城市或特别服务区所包围,好像贝克斯菲尔德(Bakersfield)和圣路易斯(St. Louis)这些地方。你的城市将永不得脱身。如果你被卡在这种情况里,巨大的税务会使你无法发展新的产业。新产业则会建在萨尼威尔或圣克拉拉,你的房地产价值就会被冻结起来。这如同被地理位置的障碍包围一样糟糕。这样的例子在各种大小城市中有很多。这其实真的是很简单的道理(Starbird,1972)。

当他被人们谴责成试图把圣何塞变成另一个洛杉矶时,哈曼回应道,他欢迎这个谴责。他除了持有对增长的特殊哲理,一个可以称之为地方性帝国主义的哲理,他还是一个极好的推销员。他有精力经常到纽约出差,向东部人推销圣何塞的债券。

到了 1950 年,多种动力推动着圣何塞的发展。既有有助于郊区蔓延的强有力的全国性的动力,也有针对于圣何塞发展的动力。动力之一是对扩张的政治承诺。这个政治承诺如果不是理性的,起码也是经过深思熟虑的。

---

① 有关这方面的消息可以在圣克拉拉县教育办公室档案里的时事通讯中找到。

另外,这一地区在当时注定要发展。最好的例子就是发表在 1946 年 4 月的
《周六晚报》(the *Saturday Evening Post*)中的一篇文章。文章以"乡下的
工厂"为题目,以圣克拉拉谷为典型论述了制造业和乡土气息结合的可能
性。文中一幅插图的说明是:"双重生活方式在这里是成功的。当加利福尼
亚州萨尼威尔市引擎厂的员工不在车间里工作时,他们可以在相邻的果园
里采摘李子、杏或梨。"

　　这篇文章很好地暗示了当时很多圣何塞人想要这种双重生活(图 3—
3)。这一现象的另一例证是《圣何塞水银报》(*San Jose Mercury*)的一个季
度特刊声称(1958 年 1 月 19 日):"在 1957 年间,当圣克拉拉县在传统的农
业基地上进行重叠的城市化建设时,土地的面貌持续发生着显著变化。树
木、花草和农作物仍然存在,但是更多住宅、公路、蓄水工程和污水排放工程
也同时存在。"换句话说,发展似乎不需要任何成本。这种打如意算盘的态

图 3—3　向东眺望的 20 世纪中叶的圣何塞市区。在其间的几十年里,丘陵附近有
很大的发展。图片提供:the California Historical Society。

度为坚实的规划决策提供了一个不良环境。

与此同时,以哈曼为领导的增长全面展开了。应该指出的是,哈曼在他对把圣何塞变成"四五个最重要的西海岸地区之一"的追求中有一些很有帮助的支持者。[①] 其中最有影响力的是乔·里德(Joe Ridder)。他的家族在1952年收购了当地最主要的报纸——《圣何塞水银报》(*San Jose Mercury*)[②]。里德(Ridder)同意哈曼对城市的观点。他作好了充分准备来全力以赴促进增长。据说,他说过"李子树不买报纸"。不管他是否真的说过此话,他的表现好像是在这条哲理的鼓舞下。他的报纸尽力游说来获得公众对各种公债的支持。这些公债对保持发展动力很有必要。它能支付新的基础设施。

在哈曼任市长的19年中,他领导的名为Panzer Divisions的土地合并队伍完成了总计大概1 400起合并。把城市从16.98平方英里扩大到136.7平方英里。据一本有关圣何塞动力的书所述,这座城市的主要优势在于19世纪后期为了适应罐头加工业而修建的流入海湾的排水口:"圣何塞在土地合并战中最强有力的武器是它对下水系统的管理。下水道对圣何塞的价值就像水对洛杉矶的价值……在它和邻近城市和邻近土地所有者的战争中,圣何塞成功利用了它对下水管道的垄断"(Trounstine and Christensen,1982)。圣克拉拉县有大片未合并的土地。圣何塞可以给开发商提供一个解决污水处理问题的快速办法。如果开发商选择合并,还能获得更宽松的建设要求。通过土地合并,开发商就能掠夺为几万新来人口建房的利润。这样,哈曼以及他所要成就的事业——一个没有局限的城市——就和开发商的利益统一起来了。

在圣何塞变成大都市的道路上,还有很多其他有待解决的问题。例如,要使当地纳税人愿意继续负担这个有几十万居民的城市所需的新的基础设施建设,还要获得能维持增长的足够水源(Matthews,1999)。我认为有长期影响且最重要的问题是,怎样在土地合并后重新划分校区。这一问题解

---

① 引语来自《圣何塞总体规划》(*San Jose Master Plan*,1958)。

② 《圣何塞水银报》(*San Jose Mercury*)和《圣何塞新闻报》(*San Jose News*)在80年代合并,更名为《圣何塞水银新闻报》(*San Jose Mercury News*)。

决方法的本性使它成为一个令人头疼的问题。在哈曼当政时加州法律要求，一个统一校区的边界要与它服务的城市相连。圣何塞内地有很多小校区。土地合并后，这些小校区就会被归在圣何塞统一校区里而失去它们自己的身份。毫不奇怪的是，它们成了土地合并最坚定的反对者。1953 年，圣何塞的州议员成功地通过了校区和政治边境可以分离的立法。这项立法的直接结果是，现在圣何塞城市境内有 24 个校区。几年后，不同的校区有极其不同的课税基础。例如，60 年代中期，在最穷的阿拉姆洛克区（Alum Rock），每个孩子的教育经费据估计为 5 130.94 美元。在最富的奥切德区（Orchard），这个数字为 56 936.81 美元。州内政策命令缩小这个差距，但这个差距无论如何也不会完全消失。简而言之，作为扩张的代价，学校财政上的不平等已经成为整个系统的一部分了。

圣何塞狂乱的城市蔓延的另一个直接成本是市区的急速衰落。随着在城市外缘建起了新的购物中心来为新的发展服务，圣何塞市区很快失去了零售业的主导地位，变成了真正的城市废墟。由于市政府把办公地从市区搬到 1 英里以北的地方，《圣何塞水银报》报社也迁到了郊区，市中心变得更荒废了。实际上，和更具魅力的北面相邻城市 Palo Alto 相比，圣何塞一直以来都有一种自卑感。随着果园的消失，随着曾经引以为荣的繁荣的中心商业区的消失，这种情况不但没有好转，反而更糟了。①

圣何塞人对政府渐渐变得不满的标志是在 1962 年的选举中，弗吉尼亚·谢弗（Virginia Shaffer）被选进了圣何塞城市议会。谢弗是哈曼及其政策的激烈反对者。她是一个极度保守的女人。她竞选活动的主题是终止增长，从而终止纳税人支付账单的负担。哈曼在 1969 年离开了市长职位。1974 年，珍妮特·格雷·海斯（Janet Gray Hayes）当选为市长。她是县里人口超过 50 万的城市的第一位女市长。值得注意的是，海斯是在选民对未经检验的发展的不满声中上任的。她的继任者汤姆·麦克内里（Tom McEnery）则致力于重建市区这样一个既雄心勃勃又很漫长的进程。

---

①　几十年来，我曾经是圣何塞的一个紧密研究者。当我在 60 年代就读于圣何塞州立大学，也就是在我开始读斯坦福大学研究生院的前夕，我是圣何塞 36 台每周一次的公共事务节目的主持。我还服务于一个对当地的反贫困计划进行评估的官方委员会。

　　当圣何塞忙于数百个住房开发、新建购物中心、大型飞机场和公路的修建时，其北面的一些相邻城市正进行着不同的建设。正如我们知道的，1938年休利特（Hewlett）和帕卡德（Packard）在帕罗埃尔图市成立了他们开创性的公司（惠普）。十年后，瓦里安（Varian）兄弟和其他一些合伙人成立了Varian同盟（Varian Associates），后来在1951年成为斯坦福工业园里的第一家公司。这两个公司都早于半导体产业的出现，并在一开始都没有把经营定在消费者市场。实际上，像Lockheed（雇员最多时达3.3万人）这样的大型国防合同商的存在意味着当时新生电子工业的第一大市场是军事用途。尽管工厂设在其他地方，国防和高科技工人从一开始就在圣何塞找到了他们能负担得起的住房。

　　1947年，威廉·肖克利（William Shockley）和两个合作人在纽约的贝尔实验室发明了电子晶体管。几年后，德州仪器厂（Texas Instruments）用硅作半导体代替了作为第一代晶体管半导体的锗。这一代替随后被新生工业采用。1955年，肖克利（Shockley）决定在靠近自己故乡的Palo Alto创建自己的公司，即肖克利晶体管公司（the Shockley Transistor Corporation）（司法部的一个双边协议使贝尔实验室开发的一些技术可被公共使用，所以他可以开办自己的半导体公司）。肖克利是一个出了名的难相处的人。他的八个上层工作人员——被称为"叛变八子"——很快就离开了他，开了他们自己的名为Fairchild的企业。Fairchild又发展了很多子公司，形成了硅谷（Moore, 1996）①。1969年，英特尔公司（Intel）出现了。它后来完善了微处理器并使之成为行业标准。两年后，这一地区的昵称变成了"硅谷"。值得一提的是，尽管当时IBM的一个大工厂坐落在圣何塞南部，半导体发展的第一次浪潮并没有发生在圣何塞境内。

　　到了2000年，形势大大不同了：圣何塞扩张了的边界内大约有1 500个高科技公司，其中包括行业巨人Cisco Systems。市政府在债券市场成功地利用了它的财产税收，并用投资收益对市中心进行了大量投资。圣何塞

---

　　① 穆尔（Moore）是"叛变八子"之一。他解释道，他们决定在Fairchild相机和器材公司（Fairchild Camera and Instrument）的公司框架内工作。后来成立了Fairchild半导体有限公司（Fairchild Semiconductor Corporation）。

被广泛地称赞为市区恢复重建的成功典范（《纽约时报》社论："没落的市区站起来了"，1997年12月7日）。圣何塞现在的人口比旧金山还多（在加州城市人口名列第三，仅次于洛杉矶和圣地亚哥）。圣何塞也发展了一套绚丽多姿的文化设施，包括儿童探索博物馆、创新科技馆、圣何塞剧院以及歌剧、芭蕾和交响乐剧院。圣何塞艺术博物馆已经经历了一次扩建。市政府还修建了一个宏伟的体育场，为的是吸引主要联赛的举办权。全美曲棍球联赛就在圣何塞举行。作为当地一景，它大大增加了市民荣誉感。最后，市议会投票决定把市政府迁回市中心。一些公司也开始把总部建在了市中心。在1996年决定把总部建在圣何塞市中心的Adobe Systems是继1951年以来的第一个作出这种决定的公司。

最引人注目的事实也许是，在市区没落时，圣何塞的大部分人口是欧洲裔美国人。到了20世纪后期，圣何塞变成了很多非欧洲移民的家园（彩图5）。外国出生的人口占总人口的比例从1970年的7.6％增长到1990年的26.5％。大多数新移民来自亚洲和拉丁美洲。令人刮目相看的是，彻底改造了的圣何塞市区既反映了这些新的人口组成状况，又反映了本地出生的有色人种的利益。坐落在市中心的Cesar Chavez广场就是以著名劳工领导命名的。当Cesar Chavez的活动事业刚刚起步时，他就住在东圣何塞地区。广场一旁是高档酒店，另一旁是科技馆。这样的布局进一步证明了这个命名机会没有指定给一个偏远场所。圣何塞的主要公共图书馆是以马丁·路德·金命名的。广场附近还有一个宏伟的纪念碑，是为纪念另一个劳工领导埃内斯托·加拉尔萨（Ernesto Galarza）而建的。在广场的末端是古代墨西哥阿兹特克人（Aztec）崇拜的羽蛇神（Quetzalcoatl）雕像。联邦大楼以露丝·阿莎瓦（Ruth Asawa）设计的壮丽的浮雕而自豪。浮雕详细描述了日裔美国人在加州的经历。另外，高速交通系统的标志以英语、西班牙语和越南语三种语言书写。越南语反映了美国最大、最有影响力的东南亚移民社区之一的存在。有色人种在圣何塞最有力的一次影响是，由拉丁人组成的社区成功地阻止了在市中心安置英国人托马斯·法伦（Thomas Fallon）的雕像，因为托马斯·法伦曾经征服了墨西哥的圣何塞。这曾是前任市长汤姆·麦克内里（Tom McEnery）所热心的计划。市区的多样化大部分归功于麦克内里的继任苏珊·哈默（Susan Hammer）市长具有远见的领导。[①]

圣何塞的公共政策反映了穷人利益的另一个更实际的例子是，允许在移民聚居区广泛开办家庭生意，特别是在曾经是西班牙语居民聚居区的圣何塞东部。这一地区出现了全国乃至世界闻名的高科技领域的移民企业家，像 Yahoo 的杰瑞·杨（Jerry Yang）。不太被人所知的事实是，谷中小型移民企业家甚至能把车库、起居室和客厅改装成店铺门脸。美容院是特别受欢迎的生意。其他类型的生意包括花店、裁缝铺和礼品店。这一政策使得很多家庭得以生存（《圣何塞水银新闻》，2000 年 3 月 19 日）。简而言之，是各种各样的移民造就了圣何塞这样一个对不同阶级的利益有相应回应的城市。这一成就是令人刮目相看的。当然，这并不是说圣何塞不像其他相同大小的美国城市，没有极度贫困的人。开明的地方公共政策也无法调整收入的不平等。圣何塞的收入不平等是由一律不属于工会的高科技产业中的大量低薪工作造成的。

战后增长的另一个直接好处是，供水系统形成了大都市化的管理。由于新来者在战后年代纷纷涌入圣克拉拉谷，在寻求增长所需要的足够水源时产生的众多而又对立的利益必须要被满足。接踵而来的是一场有关圣克拉拉谷的用水应来自加州州政府还是来自联邦政府，和有关应该由谁来管理水的批发系统的激烈争论。这场争论和冲突的结果是，圣克拉拉谷成立了自己的用水特区。这一用水特区与圣克拉拉县相连，所以它是解决问题的一个区域性方案。特区把水源集中起来并统一定价，而不考虑不同水源的不同成本。简而言之，在这个政策上，圣何塞和圣克拉拉县似乎体现了戴维·腊斯克（David Rusk）的论点。因为特区里各个城市的水价相同，他把它们称之为"弹性"城市。"弹性"城市的优点是体现了所谓的公平。[②]

由此可见，增长带来的利益是巨大的。首先需要强调的是，圣何塞找到

---

① 对当地劳工智囊团的鲍勃·布朗斯坦（Bob Brownstein）的采访。来自《经营合伙》（*Working Partnerships*），2000 年 7 月 21 日。

② 有关土地合并对城市的好处的讨论请见腊斯克（Rusk，1996）。更多有关水供给历史的细节请见马修斯（Matthews，1999）。

了从高科技革命中获取利益的方法,而这一高科技革命实际上起源于圣何塞以北几英里的地方。如果这个城市没有在面积上增加这么多,那它现在就不能成为这么多高科技企业的驻地,也不可能自称为"硅谷的首府"——一个为它吸引了大量国际旅游业的绰号。帕罗埃尔图市现在也许可以自称是"硅谷的出生地",但是没有其他地区可以与圣何塞争夺硅谷首府的地位。①

如果说战后增长的好处很大,那么圣何塞变成高科技经济中心的长期成本也很大。有些问题是存在于 21 世纪早期美国其他繁荣地区的普遍问题,只是在圣何塞可能会更严重。有些则是圣何塞和硅谷所特有的。第一类问题主要是过高的房价和噩梦般的交通,以及由技术工作数量的猛增造成的种种困难。1992～1998 年,硅谷地区创造了超过 20 万份新工作,而新建的住房只有 3.8 万套。②

《圣何塞水银新闻》(1999 年 12 月 12 日)报导了位于威洛格伦(Willow Glen)地区的一栋平房的价格浮动。这栋房子的主人在 1947 年以 9 500 美元买下了它,在 1999 年春天以 533 000 美元售出。这是一个由上述形势造成的住房成本上涨的例子。比起北部更考究的地区,这个例子在圣何塞并不太显著,但也是异乎寻常的。不足为奇的是,购买这栋房子的夫妇都在高科技产业工作。他们用公司的股票计划为买房提供了资金。

穷人怎样解决住房问题呢? 以下是答案之一。在以 1998 年 7 月为止的 12 个月内,圣何塞以有价值 14 亿美元的新建工程创下了一项纪录。《圣何塞水银新闻》(1998 年 7 月 21 日)描述道:"城市政策提倡在现有城区内的高密度'填实'发展。建筑商在这个政策的限制下要匆匆满足这一区域对住房异乎寻常的需求。因此,允许新建公寓的许可暗示了最强健的增长。"

除了享有高薪的高科技专业人员,硅谷也是四五万名装配工人的家。

---

①　萨尼威尔市现在宣传自己为"硅谷的心脏"。联合城市(Union City,位于阿拉米达县南部)称自己为"通往硅谷之要道"。

②　Joint Venture:Silicon Valley Network,1998 年 10 月。Joint Venture(联合)是一个由商业、政府和教育部门的领导者组成的联盟。

他们当中很多人只有最低工资或更少,根本负担不起合适的住房。[①] 他们的解决办法是两三人甚至更多的人同挤一室,共同支付房租。1999 年秋,我采访了两个从墨西哥奥克萨卡(Oaxaca)来的无身份的工人。他们告诉我,其中某人合法地签一个房契,其他人则租赁床位甚至是地板上的一小块地儿,直到足够多的人能支付房租。

对很多人来说——据估计事实上有 15 万人——解决住房问题的方法在于长时间的通勤。这个方法虽然解决了住房问题,却恶化了日益拥挤的交通。很多硅谷的工人目前实际上居住在中央谷(Central Valley)。阿尔塔蒙特通勤快车(Altamont Commuter Express(简称 ACE))在 1998 年 10 月开通。它是从加州内陆途经阿尔塔蒙特(Altamont)通往硅谷的每日列车。[②] ACE 的始发站为斯托克顿(Stockton),途经八个站到达圣何塞终点站,全程历时两小时 25 分[③]。但是据统计,在需要开车上下班的数千人中只有 1 200 人左右能以这一方式解决通勤问题。

衡量交通问题严重性的一个标准是以堵塞级别来评价高速公路的统计数据。F 级是最差的,它指的是交通流量在每小时 35 英里以下。1998 年,这一地区下午高峰期的交通流量属于 F 级的公路长度几乎是其在 1994 年的三倍,从占县内公路总长度的 11% 增长到 31%(Joint Venture,1999)。纳税人已经投入了超过 1 亿美元的经费来改善交通。显然,如果就业增长和住房增长不能进一步平衡,那么无论有多少投资,问题也不会从根本意义上解决。

接下来的问题是以共享的过去为中心思想的社区建设。正如阳光地带其他许多经历着高速增长的城市,圣何塞的很多居民在这一地区居住的时间并不长。这一现象导致了各种负面影响,包括对保留自己的历史投资不足。尽管市政府在圣何塞市区兴建了大量文化设施,我们却没有看到太多

---

① 这些工人是我正在写的新书《硅谷的妇女和加州梦想》(*Silicon Valley Women and the California Dream*)的主要人物。这本书是与斯坦福大学出版社的合约。

② 硅谷地区经历了最大变化的是旧金山以东 60 英里、萨克拉门托(Sacramento)以南 60 英里的特蕾西市(Tracy)。特蕾西市人口从 1980 年的 1.85 万人增长到 2000 年的 5.3 万人。早先发生在圣克拉拉谷的无限制的发展在这里达到鼎盛(*Los Angeles Times*,2000 年 5 月 13 日)。

③ 《圣何塞水银新闻》,1998 年 10 月 20 日。

用于保护和展示档案记录的投资。创新科技馆有大量资金来源,但却没有用于记录硅谷是怎样发展起来的专项基金。引用《圣何塞水银新闻》1998年10月25日的为庆祝科技馆开馆的纪念特刊中一篇文章的话,"(就像)创新科技馆,这座城市是一首对变化的赞歌"。令人感到不满的是,由于投资不足,21世纪的学者们将无法对这个有重大历史意义的地区进行充分研究。[1]

上涨的房价、日益恶化的交通以及对当地历史的投资不足不是圣何塞所特有的问题。但是,在遍布着1万个农业用井的地区里,高科技增长带来的特殊环境代价也许是圣何塞和圣克拉拉谷特有的。在半导体工业最初的十年左右,对潜在的环境恶化的详尽报道还不被公众所知。果园的迅速消失被看成是进步的代价,并是当时群众的意见。

情况在80年代早期变得更糟了。1980年9月,工人们在靠近圣何塞南部的IBM工厂的土壤里发现了化学品泄漏。以后的几个月里,人们在其他工厂附近的土壤里也发现了几处泄漏。1981年12月,消息更坏了。因为这次是用于清洗芯片的可溶性TCA在大橡树(Great Oaks)自来水公司所拥有的一口井里造成了污染的痕迹。Fairchild公司应对此负责。几个星期后,一位住在由这家自来水公司供水的社区里的家庭主妇看到了报上的报导。她致信给大橡树(Great Oaks)自来水公司,提供了包括她自己在内住在洛帕索(Los Paseos)社区的八名妇女的名字。她们都在三年内流过产或是生出了死胎或有缺陷的孩子。[2]

以这些事件为开端,硅谷有毒化学品联盟(the Silicon Valley Toxics Coalition)诞生了。它是一个给政府施压来管理工业的基层组织。污染成了一个主要的国家问题,它最终迫使美国环保署(the Environmental Pro-

---

① 很多大公司有自己的档案室,但不是所有的都对外开放。斯坦福大学许诺要编纂内地科技史的档案。但这不足以构成整个区域的景象,或为实现这一景象进行整个区域的筹款。我通过采访依然健在的战后圣何塞第一批领导者而录制并整理的口头历史是现存的唯一的对转变中的重要人物的个人经历的纪录。

② 有关洛兰·罗斯(Lorraine Ross)给大橡树自来水公司致信的原文报导,见《圣何塞水银新闻报》(1982年2月2日)。1983年7月10日的《水银新闻报》有几页这一事件的报导,包括有关有问题的工厂的详细信息。

tection Agency)在硅谷指定了 29 个超级基金(Superfund)地点。调查结果是,化学品泄漏问题普遍存在,甚至是受公众信赖的公司也有此问题。农用井是最易使有毒化学品渗透到地下蓄水层的通道。这一点加剧了问题的严重性。

我在这里不是要回顾硅谷有毒化学品联盟的整个历史。但足可以说明的是,尽管这个团体取得了很多成就,它的长期领导人泰德·史密斯(Ted Smith)认为,及时有效地制止和管理污染是不可能的。因为工业不断创新,生产过程包括化学药品的选择也在不断改变。活动家们刚刚赢得对一种毒素的对抗,另一种毒素就出现了,而它的影响很有可能还不被人知。①

人们在圣何塞和硅谷成立了一个积极的环境保护团体。促成这一团体的主要因素是急速发展的过程中果园的消失、保护现有空地的焦虑,以及对高科技产业导致的潜在污染的担忧。1996 年 4 月,这个团体成功地使圣何塞市议会设立了绿色边界线,使发展控制在明确的界线内。但这项政策是否能解决问题还是令人怀疑的。如果没有切合实际的办法解决急剧增长的就业机会与住房不平衡这一问题,那么仅仅设立一个发展界线是不够的。另一个辖区将要面对同样的问题。那里的住房价格将会飞涨。

另外,新划定的绿色边界线允许在仍是农村的土狼谷(Coyote Valley)建立大型高科技基地。这种基地在城市的南部会使一些现有的问题更严峻。市议会正在考虑是否允许 Cisco System 在土狼谷的北端建一个占地 385 英亩并能容纳两万名员工的工业区。在一篇主张批准 Cisco 工程的社论中,《圣何塞水银新闻》(2000 年 3 月 19 日)解释了支持的原因:"……自从硅谷诞生以来,圣何塞已经提供了大量住房,而没有足够的工业来保持财政上的稳定。甚至今天,伴随着 90 年代中期开始的圣何塞北部巨大的工业增长,这座城市仍有超过 5.6 万套住房闲置着。这就是为什么不仅仅允许 Cisco 在土狼谷建厂是重要的,而且投入一些公共资金也是恰当的。在这个地区,像修建高速公路交叉点和治洪等工作在历史上就是由公共部门管理的。空地对圣何塞的生活质量固然很重要……但土狼谷北部在城市增长

---

① 1999 年 3 月 1 日对泰德的采访。

的边界内。"

换句话说,尽管报纸的编辑清楚地知道这项工程会给全国最上涨的住房市场之一带来的区域性影响,它仍被看成是一件不可拒绝的大好事。简而言之,圣何塞已经尽到了作为卧室社区的责任,现在该轮到圣何塞享受工业课税基础的好处了。

当我们探讨圣何塞特有的扩张成本时,我们可以很清楚地看到,学校的分区有重大的长期后果。尽管圣何塞东部的西班牙语区大部分都在城市境内,但却被编入了独立的资金不足的校区。这些校区缺乏能为学生提供一流教育的资源。毫无疑问,目前仅有 56％的城市拉美后裔能读完高中这一状况应归咎于此。由于拉美后裔现在大约占城市人口的 1/4,教育不足既是个人悲剧,也是高科技产业缺乏熟练技工的原因。名为"联合:硅谷网络(Joint Venture: Silicon Valley Network)"的非营利性团体在 1999 年公布,据估计,硅谷的劳动力不足令当地公司每年花费 40 亿美元作为招聘花费和弥补生产力损失。大约有 16 万份工作,或者说是硅谷劳动力的 1/3,是由从外地招来的工人或由长距离通勤的人们承担(《旧金山新闻》,1999 年 5 月 18 日)。

特别值得注意的是,虽然这一地区的高科技魅力使搞网络的年轻人成为实质上的名人,但是高科技工作对当地年轻人却没有特别的吸引力。出于对劳动力缺乏的担忧,《联合》对 1 200 名八年级到十一年级的学生作了一次问卷调查。学生们的最佳职业选择依次是律师、医生/护士、文秘和农民。很多学生"被所有计算机工作都要有在四年制大学里的广泛教育这一看法吓倒"。而实际上,很多急需用人的好工作只需有社区大学的预备课程即可。[①]

哈维·甘特(Harvey Gantt)警告说,若增长使城市中最贫穷的居民陷入没落的邻里,那就不能称之为理性。这不是圣何塞所经历的。但是,不论它的市区怎样欣欣向荣,把最穷的学生托付给不能被信任的学校这一事实,使圣何塞无法通过社会认可的对增长的伦理检验。学者们多次证明这一地

---

① 1999 年 3 月 1 日对调查监督人凯·马斯科利(Kay Mascoli)的采访。

区的繁荣分布极其不均,而且这种不平等在各个方面还在加剧。教育系统看来也没有能力解决不平等问题。[①]

圣何塞扩张的另一成本是自然景观的代价。在这里还可以看到空地,也还可以看到可爱的未被损坏的小山丘,但果园都消失了。萨尼威尔市保留了一个街区作为果园遗产公园。这个果园中每有一棵树死去,市政府都要栽培一棵新树,为的是使心情愉快谷的昔日荣耀得以延续——这就是果园遗产公园和Potemkin果园。当今硅谷中最不寻常的事就是IBM占据了最大水果种植商之一的地位。IBM在南圣何塞工厂的附近拥有80英亩的果园。当来自世界各地的显要人物访问时,他们都会被带到果园,以领略一下心情愉快谷的美景。管理这个果园的一对兄弟明确表示,果园是用来展示的而不是用来谋利的。[②] 还有比这更具有后现代讽刺意义的吗?

一个更严峻的问题是带来如此繁荣的高科技产业也带来了有毒化学药品的使用。一旦与过去的农业设施和土地利用形式相结合,它就构成了对社区安宁的威胁。一个积极的环境保护主义团体必须不断地监控工业,督促联邦政府和各级当地政府严厉管制化学品的使用。

总之,要研究圣何塞的历史就要认识到大规模的增长能够造福于广泛的居民。但是它的历史也告诫人们什么样的代价应该避免——在这里,最重要的是要避免不利于穷人教育和自然景观保护的决定。自20世纪40年代后期以来,有些人既想保护城市田园般美丽的景观,又想推动飞速发展。我们已经看到,这个如意算盘带来了很多不必要的问题。21世纪早期,这种如意算盘仍然存在。例如,市政府考虑允许Cisco System在至今仍是农村的地方建一个能雇佣两万人的工厂,但却没有一个能解决工人住房的现实计划。这种如意算盘是理解圣何塞为什么迷失了方向的关键。

---

① 2000年4月16日,《圣何塞水银新闻》刊登了每年一度的硅谷最佳公司排行榜。排名第六的是Solectron(前五名是Hewlett-Packard、Intel、Cisco、Sun和Oracle)。它是一家为高科技公司提供临时雇员的公司。Solectron的壮大和繁荣暗示了为什么不平等还在增加。尽管媒体对互联网繁荣故事的关注,硅谷还有数千的低薪劳动者。

② 果园由出身自先驱果园主家庭的Lester兄弟管理(《圣何塞水银新闻》,1998年4月5日)。

参考文献

Abbott, Carl. 1993. *The metropolitan frontier: Cities in the modern American West.* Tucson, AZ: University of Arizona Press.

Joint Venture: Silicon Valley Network. 1998. *Silicon Valley 2010.* San Jose, CA: Joint Venture: Silicon Valley Network (October).

———. 1999. Index of Silicon Valley. San Jose, CA: Joint Venture: Silicon Valley Network (October).

Matthews, Glenna. 1977. A California Middletown: The social history of San Jose in the Depression. Ph. D. Thesis. Stanford, CA: Stanford University.

———. 1985. The apricot war: A study of the changing fruit industry during the 1930s. *Agricultural history* 59 (January): 25-39.

———. 1999. The Los Angeles of the north: San Jose's transition from fruit capital to high-tech metropolis. *Journal of urban history* 25 (May): 459-476.

Moore, Gordon. 1996. Some personal perspectives on research in the semiconductor industry. In *Engines of innovation: U. S. industrial research at the end of an era*, Richard S. Rosenbloom and William J. Spencer, eds. Cambridge, MA: Harvard Business School Press.

Rusk, David. 1996. *Cities without suburbs, second ed., rev.* Baltimore, MD: Johns Hopkins University Press.

San Jose Master Plan. 1958. Institute of Governmental Studies Library, University of California, Berkeley.

Starbird, George. 1972. The new metropolis: San Jose between 1942 and 1972. Talk delivered to San Jose Rotary Club, San Jose Public Library, March 1, 1972.

Sturgeon, Tim John. 1992. The origins of Silicon Valley: The development of the electronics industry in the San Francisco Bay area. M. A. thesis. Berkeley, CA: University of California, Berkeley.

Trounstine, Philip J. , and Terry Christensen. 1982. *Movers and shakers: The study of community power.* New York, NY: St. Martin's Press.

Vance, Glen W. 1966. School district organization in the metropolitan area of Santa Clara County, California. Ed. D. thesis. Tuscon, AZ: University of Arizona.

第四章　电子住宅、布满电网的邻里和理性城市

威廉·J.米切尔(William J. Mitchell)

新型数码电信设施和理性增长之间有什么关系呢?[①] 这种新兴基础设施为以新方式和更加充满智慧更加负责的方式组织城市增长创造了机会吗? 或者,它仅仅是对城市蔓延有贡献?

对早期网络设施的经验告诉我们,不论好坏,这个关系是强大的(Graham and Marvin, 2001)。我们知道,城市增长对公路、用水供给、下水道、电力以及电话网络的容量会有更大需求。反之,这一系列网络的扩建也为城市增长制造了机会。我们应该看到数码电信网络和增长模式之间有这样一个相应的关系。

这篇文章叙述了一名设计师对这一关系的探索。由于引起我关注的条件和系统才开始涌现,我的评论还没有严格的经验社会学来支持。但是,也许我能提供一些有用的方法来开始考虑这些关键问题。

一、松动空间联接

一般来说,新型网络设施的影响是使城市活动中空间和时间的联接变得松动。重要的是,这种松动是有选择性的,而不是普遍的。有些联接削弱或消失,有些保持原样并可能获得新的重要性。这是一个已形成的建筑类

[①]　对新型数字电信设施的社会、文化及政治含义的全面导论(Castells,1996)。

型和城市模式分裂重组的过程。[①] 最终,城市结构的新类型形成了。

设想这样一个例子,一个传统的围绕在水井周围建起的村庄——在发展中国家的很多地区仍然普遍存在。房屋必须建在离井不远方便打水的距离之内。这给村庄的大小和形状附加了很强的限制。因为居民必须经常来井边打水,水井周围成了村子的主要公共场所。这一场所是人们在社区中碰面、交换消息和闲谈的地点,也是做生意和巩固社会关系的地点。一个公共浴场也可建在水井附近,进一步加强了这些社会功能。但是,当安装了自来水系统后,这一切会发生什么变化呢? 通过沿着自来水管道向外延伸,村子可以变大并改变形状。村里的老井失去了魅力,老井周围的公共场所也就失去了魅力——至少是部分的(也许会出现一个咖啡厅来弥补。)因为住房都配有私人浴室,公共浴场就不复存在了,并和家用场所重新结合。

再来看看美国东南部古老的工厂镇(Mill Towns)。由于早期传输动力的技术(传动皮带系统、齿轮以及其他类型的机械联接)只能在很短距离内有效运行,工厂都紧紧地聚集在水力和蒸汽资源的周围。电力网络和电动机的出现打断了动力的产生和应用之间的紧密联系,使无论在哪里都能在生产中方便地使用动力成为可能。工业的生产空间瓦解了,并按其他要求重新分布。其他要求的例子包括原材料是否迅速可得、劳动力是否充足、交通是否便利等。甚至在家里,大规模生产的电器使得很多家务都工业化了。于是,工厂镇消失了。

在距我们更近的时代,交通和电话网络在形成典型的 20 世纪城市模型的过程中起到了重要作用。高速公路使工业区与花园式的郊区住宅区分开。电话线路使远距离管理生产成为可能。管理阶层和文职人员能够在坐落在市区的高层写字楼里舒适地工作在白领文化中。百货公司能够利用市区的方便性这一优势。所有这些网络造就了像芝加哥和其他很多那样的城市。这些城市都有密集的中心商业区,环形工业带和仓储地带,环境优美的居民郊区,通往四面八方的交通网络,还有由大批人往返于不同专用地带造成的早晚通勤高峰。

---

① (Mitchell,1995;1999)对分裂和重组现象更详细的探索,另可见 Horan and Kotkin,2000。

以上几个例子当然只是一些非常复杂且微妙的故事的简化版。路径相关性及细节在特定环境里的确有关系。但是,我所举的例子确实大略阐明了一个事实,那就是城市网络的空间效应。

今天,数字化电信网络——基础设施网络中被最后添加在城市中的——正在引发一个相似的空间分裂和重组的过程(彩图 6)。很显然,它的直接影响是方便了传送信息。例如,朝九晚五的固定办公地点的出现不仅仅是为了提供一个方便的工作空间,也是为了信息能在员工之间、在工作人员和书面文件之间以及在员工和客户之间方便流通。现在,远距离就可获得的数字化文件,人与人之间高效率的电子通讯,以及像手提电脑、手机、PDA 等这类便携式设备,使办公室工作几乎可以在任何地方进行——在家里、饭店房间里、飞机上和机场候机厅里,或是在客户的地点。因此,固定办公地点开始瓦解并和很多其他用途的空间重组。

同样地,你曾经不得不去音像店才能把录制的音乐转成你的所有物。但现在,你可以从互联网上下载 MP3 文件,这对音乐产业来说是一种恐慌。结果,零售空间也瓦解了,并和像住宅、宿舍、办公室等配有互联网的地方重组。

二、松动时间联接

就像交通和电信技术有选择地松动了城市活动中的空间联接,仓储技术也有选择地松动了时间联接,特别是生产和消费之间的联接。例如,原始的用来储存雨水的桶罐和蓄水池使雨水在降雨后很长时间还能被使用,这就使居民能够度过旱季。现代水供给系统把水库、贮水系统和网络分配相结合。没有它,就不可能有大城市存在。

同样地,谷仓和早期的公路运输系统松动了粮食生产和消费之间的时间和空间联接。它使得城市能够获得农业地区的农产品,并且使人们在非收获季节也有食物。人们甚至还可以屯积粮食以预防不好的收成。铁路网络、圆筒形谷仓和谷物运输轮船大大提高了这类系统的规模。制冷技术进一步延长了像肉、鱼、水果及蔬菜等易变质食物的保存期,使澳大利亚成为遥远的欧洲的肉类出口国。

在信息领域,首先是写作松动了精神产品的生产和消费间的时间联接。古老的图书馆,例如位于亚历山德里亚(Alexandria)的老图书馆,成为信息的仓库、学者的磁场以及高强度的异步信息传递的场所。后来,机械摹仿和脚本的流通以及印刷和邮递系统促成了学术生产和消费间分散的、异步的、全球系统发展。

今天,通信上的包交换技术(Packet Switching)、互联网及万维网把数字化电子信息存储和电子网络分配结合起来(服务器就像谷仓,网络中枢就像是铁轨)。它们能够高效率地完成这项工作,并能有效地利用电子智能,即成千上万的服务器、分路器、客户服务器等,来控制整个系统。如今,电子邮件、网上交易以及类似产品成就了不可思议的大规模异步信息传递,从而大大减少了协调工作的需要。成功的电话通话需要对方能接听,因此日程安排、工作时间及时区都有关系。但通过语音邮件和电子邮件的异步信息传递则无需担心这些事。同样地,传统的零售店要求顾客、售货员和销售产品在营业时间里在同一时刻出现在同一地点,而网络零售不需要这些。它可以每天24小时、每周7天、每年365天地运营。有些活动曾经由于需要信息的同步交换而必须要作时间上的安排和协调。而现在,这些活动可以在任何时候进行了。

三、小型化、物质形态的丧失和无处不在

数字化有选择性地促成了活动中空间和时间联系的松动。数字化电子革命的另一个惊人效应加强了这种松动。那就是存在并流通于城市系统中的很多产品变得越来越小并丧失了其物质形态(彩图7)。

电话生动形象地说明了这个现象。电话曾是大且重的电子机械设备,它曾被安装在墙上或特殊的电话亭里。结果,你是在给某个地方打电话。后来,电话变小变轻了,更加电子化而不是机械化。它们被移置到桌面上和桌子旁,插入墙上的插座。它们与建筑物的联接变弱了。最后,电话变到小得可以放入口袋,变成了无线电话。现在,你是在给某人打电话,而不必知

道或关心这个人通话时碰巧儿在哪里。电话交谈不再被限制在相对较少且特定的地方。今天，任何地方都可以潜在地成为打电话的地方。这有时对我们来说是一种烦恼。

计算机也是一样。当我还是研究生时，计算机需要大卡车来搬运。你必须要到学校的计算机中心来完成计算工作。到了我是一名大学讲师时，计算机变得小到可以用手推车来搬运，并变得足够便宜。我可以在办公室里拥有一台。如今，正如许多其他人一样，我总是带着我的笔记本电脑。因此，任何地方都能成为处理文字或查电子邮件的地方，甚至在去机场的出租车里。

随着逐渐加宽的网络带宽，随着日益增长的联网计算机的无所不在，你甚至连手提电脑也不用带了。你只需一个智能卡来验明身份，就可以立刻在手边任意一台电脑上获得你的所有文件和软件——在办公室里、饭店房间里、等候室里，或是其他什么地方（世界上任何地方），只要是有电和网络的地方（彩图 8）。通过全球数字化网络，你所需要的信息来源简直是将与你随处相伴。

现在让我们看看录制音乐的发展过程。你曾经需要一架专用钢琴和几卷穿孔的纸。然后出现了便携式留声机和唱片。小型磁盘使唱片变小了，随身听使留声机可以佩戴在身上。最近，录制的音乐已经完全变得非物质化了。它已经脱离了它的物质依托物，以 MP3 文件的形式存在。现在，录制的音乐储存在服务器上，由互联网传送到极小的 MP3 播放器上。你能在几乎是任何时间任何地点得到你想要的各种音乐。

当然，不是所有的东西都可以变得小型化、非物质化，或是存在于各个地方。我们的城市仍然有大量大且重、不易搬运的东西。还有很多事情你不得不亲自到那里才能做。但是，电子小型化和数字化非物质化的影响有越来越重大的意义。在 21 世纪的建筑里和城市模式里，我们将不会强调专用的有固定目的的公共场所、服务场所和娱乐场所，而是会更多地强调可以在不同时间有不同功能的场所。不同时间的不同功能取决于当时在场的人和电子设备以及当时正在流动的信息。

四、聪明的分配系统

数字化网络还改变了分配系统的结构和行为。分配系统的基本原则是首先要有一个中央仓储或生产地，即村庄水井、水库、谷仓、仓库、发电厂等，然后通过管道、电线或有轮的运输线路向周围发送。收集系统与此恰恰相反，流向是从周围到中央。这种系统的大小和效率基本上取决于网络通道的容量。如果你有更大的水管，则更多的水能在更大面积上被抽出。地理和定位理论大都是建立在这些非常简单的思想之上的。但是，互联网却大相径庭。

互联网没有一个中央信息存储点（如旧式分时操作的计算机系统）。它所有的是分布在全球的数百万个服务器。这个网络没有一个简单的放射状结构，但它是一个高度重叠的网络。因为它通常在一个节点和另一个节点之间提供许多可互相替代的路径。它不受中央控制，而是受控于无数的服务器、转换器和分路器等的智能分布。另外，通过使用复杂的运算法则，像能提供 Akamai 的服务器也能优化信息从服务器流向客户的过程。

由于智能分布也存在于其他类型的分配网络，这些分配网络将逐渐像互联网那样运转。这将给网络基础设施和土地利用的关系带来意义深远的后果。[①] 例如，现在汽车可以装配以 GPS 为基础的导航系统，这样就能计算从旅途起点到终点的最近路线、最快路线、充分使用高速公路的路线或是避免使用高速公路的路线。此外，公路可以装配传感器，它能提供交通流量的实时信息。通过在汽车里安装异频雷达收发机，在道路交叉口和其他关键地点使用适当的传感设备，我们就能实施电子公路定价法了。就像在新加坡一样，结合使用这些配置，你就能有这样一个交通系统（彩图 9）。在这个系统里，公路的行驶费依据当时的交通情况随时都可以发生精密变化（这就是说，行驶在堵塞的道路上要比行驶在空旷的道路上花费高）。在计算最佳线路时，汽车导航系统可以把当时公路的行驶费考虑进去。因此，汽车开

---

① 相关技术的介绍请见格申菲尔德（Gershenfeld, 1999）。

始表现得就像报文分组交换网络中的一个信息包。通过一个自动的市场机器,需求可以以复杂的方式管理,公路资源可以被有效地分配(彩图10)。

现在,让我们来看看存在于这样一个网络里的仓库和分配中心。我们可以下电子订单,也可以通过网络管理库存。分配中心可以有效地为网络范围内每隔一段适当距离的消费点提供服务。如果你销售的是像图书和电子产品等体积小、价值高、不宜变质的东西,通过在主要航线中心建立大型国内或国际的分配中心而达到规模经济效应,你就可以获得广泛而有效的销售覆盖率。这就是有些网上零售商,例如 Amazon. com 所做的。如果你是销售易变质或笨重的货物,例如食品杂货,你仍可以接受电子订单,但是你需要有区域性的分配中心。如果你是一个网上比萨饼销售商,那么你需要有当地的生产和分配中心。不论你卖什么,你都需要以电子方式派遣的货车或自行车(就像在城市快递系统里由 Kozmo. com 运作的那种)来把货物从分配中心运送到消费者手里。

先进的电力分配系统这一新兴想法是类似的。电力供应网如今把多个发电站结合成整体,而不是只有一个中央发电站。现在,让我们来扩大这个法则,想象一下把那些靠光电、燃料电池、风力发电机等"能使电表倒转的"楼房组成一个整体。引进能时刻随需求变化的动态电力划价,并引进能优化用电的智能装置和楼房服务系统。当电价高时,这种智能装置和楼房服务系统能使用电量最小化,当电价降下来时再进行耗电多的工作。结果是,和前面的例子一样,这样一套系统通过智能分配和自动市场机器可以潜在地获得引人注目的效率。

有时,在这样一个充满智慧的分配系统里,消费者可能会争夺稀有的资源。例如,两辆"聪明的"车汇聚在一个"聪明的"空闲停车位。控制和收费系统(原始停车计时器的派生)可以开展一个自动的拍卖,把停车位租给出高价的人。司机可以依据他们停车的需要有多迫切和他们已经花了多长时间才找到这个车位计算他们的出价上限。

当然,对这种合理的分配系统的展望带来了很多有趣的政策问题(彩图11)。这里,我们足以意识到,这种系统将迫使规划者们重新考虑土地利用、土地价值和服务网络基础设施之间的关系。以固定的网络结构、时间表和成本思考这个关系(例如,思考铁路运输系统的传统方式)将会越来越不恰当。我们越来越有必要以非常复杂的动态行为方式来思考它们之间的关系。互联网的动态系统和当今以电子技术为媒介的全球金融系统向我们演示了什么将会到来。

总之,人们对理性增长的"理性"一词的理解还远远不够。它不应仅仅是指合理的土地利用、适当的运输结构和燃料网络,还应指在城市结构里以更加复杂有效的方式大规模地使用电子智能和电信网络来管理和分配资源。

五、什么留给了面对面的时间呢?

在这样一个有着遥远的异步电子交易、小型化、非物质化和高度动态的合理供给系统的世界里,是什么(如果有的话)促使了空间上的聚集?是什么把建筑物、邻里、城市和区域结合在一起,就像连在一起的空间实体?

答案的一部分是,网络基础设施(包括数字化电信设施)仍然要求大量的投资,并且在面积大、居民分布稀疏的地区运营仍很贵。这些公认的必需仍然存在。

答案的第二部分是,享有位置上的自由不代表对位置不在乎。当我们发电子邮件或上网时,我们确实在乎当时身处何处。一个地方的景色、气候和文化品质仍有关系,并仍然是吸引人的要素。由于电子网络削弱了传统的选址决定因素,具备这类优良品质的地方(换句话说,不能通过电线传送的品质)会更有可能成为发展的中心。

答案的第三部分是,尽管和电子方式相比往往既贵又不方便,同步的面对面交流仍被高度重视。人们将把他们稀有的宝贵的面对面时间投入到对他们来说最重要的事里,而把不太重要、不太有价值或不太令人愉快的交流委托给电子手段。因此,不同形式的建筑和城市群将会从使用面对面时间的不同优先权中出现。

六、新的建筑和城市模式

如果你想实现你的乡村梦,如与世隔绝的电子小屋也许看起来很吸引人,你可以建一个布满电网的 Walden 世外桃源。你的住处靠雨水的收集和光电能源等可以大部分自给,但它要与全球数字网络相联(也许是通过卫星联接)。在你与大自然面对面共度大部分时间的同时,你可以是作家、设计师或股票商。当然,这种形式只能以非常有限的规模存在。它会给风景区和娱乐区带来压力,尽管只能是密度非常低的开发。它通常是理性增长的坏消息。

基于不同社会价值的主张,对电子住宅这一主题的看法也不同。反主流文化公社主义的衍生派重申了乌托邦式的理想,即想法相同的人应生活工作在一起——但也许是作为网络设计者而不是农民。反城市幸存者的说法重视从城市矛盾和腐败中分离,把面对面的时间主要投入到传统的由父母和子女组成的家庭,把网络作为家庭教育的资源,并极度强调技能和服务以电子方式的交换。

如果你重视邻里生活,重视普特南(Putnam)式的社会资本积累,那么,一个传统邻里的网络版本看起来也许会更加适宜。这样的邻里可以由配有电子化服务的生活兼工作的住宅组成(彩图 12)。它能支持灵活的工作方式,使人们把更多的面对面的时间投入到照顾孩子和老人上。它能使残疾人在家工作,甚至能全职远程办公。由于离家工作的时间大大减少,这些住宅区需要有 24 小时营业的咖啡店和饭馆、托儿所和养老院、健身俱乐部、商务中心等服务设施。这些服务可以成为邻里中心的吸引力(就像古老的村井),也能为邻居间提供很多见面的机会,而不是在办公室里面对着同事。这些都能作为新城市主义开发和新传统开发的经济动力。这种开发不一定非是度假村或退休人员的村庄(Duany, Plater-Zyberg and Speck, 2000;Calthorpe and Fulton, 2001)。

如果你相信马歇尔(Alfred Marshall)的著名评论:专门的知识存在于特定地方的"空气里",你就会想把你很多面对面的时间投入到你有兴趣的地方。例如,硅谷是电子产品和电脑软件的圣地,好莱坞是娱乐圣地,曼哈顿下城是金融产业的圣地。以知识和天赋的集中功效,现在又结合电子化连接成的一个更广阔的世界,这些知名地区正在变成专门化的全球中枢。所有迹象似乎表明,全球互联加强了而不是削弱了它们的优势地位。这些地方吸引了很多移民,这些移民把他们的面对面时间投入到跻身于某一事业的世界中心,而不是花时间来维系传统的家庭和文化纽带。

七、研究、教育和实践的新日程

数字化电信基础设施有选择地松动了活动中空间和时间的联接,其结果不只是简单地引起毫无特色的城市蔓延,而是变得更复杂、更微妙的。它使各种各样的新的空间模式脱颖而出。这些不同的模式主要是从面对面时间使用的不同优先权中,和把什么交给电子网络处理的不同选择中得来的。

任何要促成理性增长的努力都应考虑这些模式及其潜力和问题。这些模式将日益成为很多未来城市景观的显著特征。因此,以传统的对土地利用和运输的解释来设计理性增长的讨论已不再令人满意。

对大学来说,这意味着一个新的研究和教学日程。首先,城市规划者和设计者需要对数字化电信技术和相关制度及政策上的问题逐渐形成更完善、更成熟的理解。或许可以通过和信息技术专家之间的跨学科合作来达到这点。其次,要在理论上把这种理解与我们对土地利用和交通问题的现有理解相结合。我们需要土地利用、交通和电信之间相互关系的令人信服的理论。最后,由于数字化电信对城市形式和功能的影响变得越来越引人注目,我们迫切需要能支持理论和教学的经验研究。

对于行业里的建筑师、城市设计师和空间规划者来说,这里有新类型的问题需要调查,新的模型需要发明。一个布满电线的生活兼工作的住所应怎样设计呢? 一个配有电子化服务的邻里应是怎样的呢? 零售、教育、医疗以及其他设施应怎样按数字化电子时代的条件被重新设计和安置呢? 在这些条件下,我们怎么能成功地创造公共场所呢? 我们怎样能利用这些条件来获得高效率、控制城市蔓延、加强可持续性呢?

对开发商来说,这里有新的挑战和机会。新的开发项目要通过巧妙利用数字化电信基础设施来增加吸引力,来减少不必要的资源消耗。这样的项目才有可能在竞争中拥有决定性的优势。相反,那些忽视了数据化电信的项目将会在竞争中处在劣势——就好像一些配有不恰当或是昂贵的运输通路、水电供给及污水处理的项目。

对决策者来说,新的挑战是要制定能鼓励合理发展模式的政策。新的发展模式有可能是由数字化电信造成的。例如,分区策略也许需要改进。不仅仅是要最小限度地容忍或允许生活兼工作的住所,实际上也是要促进这种形式。电信政策必须要与土地利用和交通政策和谐。交通政策必须兼顾到生活和工作方式,兼顾到新的统筹学,并要兼顾到因为有分配的智能和数字网络才能成为可能的智能控制系统。

八、结论

总之,我建议,在本篇讨论的不同层次上,我们必须重新构造对理性增长的讨论。这样我们才能把我们对数字化电信革命的影响所持有的想法纳入到讨论中。当然,这么做不能保证城市蔓延能被理性增长代替。但是不这样做会注定让我们陷入本来可以避免的陷阱,并错过一些重要的机会。

城市设计师和规划者、开发商及公共官员必须要学习新的电信基础设施及其使用。他们将无法弥补忽视它的损失,就像他们无法弥补忽视汽车会造成的损失一样。他们必须考虑新的建筑形式和发展模式——好的或不好的。新的建筑形式和发展模式的出现是电信基础设施被大规模应用的结果。他们必须评估这些新形势和新模式的社会、经济、文化和环境的意蕴。最后,他们必须行动起来。通过设计创新、土地利用和交通政策、基础设施投资以及其他他们有权使用的方法,来鼓励那些提供了经济和文化活力、社会平等和对环境长期负责的最吸引人的新形式和新模式。

参考文献

Calthorpe, Peter and William Fulton. 2001. *The regional city: Planning for the end of sprawl*. Washington, DC: Island Press.

Castells, Manuel. 1996. *The rise of the network society*. Oxford, England: Blackwell.

Duany, Andreas, Elizabeth Plater-Zyberg and Jeff Speck. *Suburban nation: The rise of sprawl and the decline of the American dream*. New York, NY: North Point Press.

Gershenfeld, Neil. 1999. *When things start to think*. New York, NY: Henry Holt.

Graham, Stephen and Simon Marvin. 2001. *Splintering urbanism: Networked infrastructures, technological mobilities and the urban condition*. London, England: Routledge.

Horan, Thomas. 2000. *Digital places: Building our city of bits*. Washington, DC: Urban Land Institute.

Kotkin, Joel. 2000. *The new geography: How the digital revolution is reshaping the American landscape*. New York, NY: Random House.

Mitchell, William J. 1995. *City of bits: Space, place, and the Infobahn*. Cambridge, MA: MIT Press.

——. 1999. E-topia: *Urban life, Jim - But not as we know it*. Cambridge, MA: MIT Press.

Urban Villages Forum. 1992. *Urban villages: A concept for creating mixed-use urban developments on a sustainable scale, second ed*. London, England: Urban Villages Group.

第五章　我们怎样认出所遇到的理性增长

阿瑟·C. 纳尔逊(Arthur C. Nelson)

一、新的城市画布

这一章以能使我们区分赝品和货真价实的东西的方式描述了理性增长的特征。人们认为能导致比现状更好的结果的每个想法好像都能被看作是理性增长的一种形式。这也许是对的。但是,我们的诀窍是要发展一套所有好主意都遵守的目标和原则(同时能扼杀坏主意)。然而,在我们做这项工作前,我们需要对下一代的发展有一些展望,这样才能知道是否值得费力去改变新发展的形式。

今天的美国大约有 1.1 亿个住房单元。据我估计,有 220 亿平方英尺的办公场地、165 亿平方英尺的零售场地、77 亿平方英尺的仓储场地以及148 亿平方英尺的制造业场地。这类发展的几乎一半都超过了 40 年。其中大部分将在下一代人中被其他开发所取代,居民区将被商业和混合用途的开发所取代,办公楼和厂房将被拆除并被取代,或者是转化成其他形式的土地利用。极少数人意识到的是,在下一代的开发中,除了要为适应新的增长建设新的建筑,大多数现有的开发将会被取代或转化成其他土地利用形式。

为了引申这一观点,让我们来看看整个美国。2000～2025 年,美国人口将从 2.81 亿增加到 3.4 亿,就业人口将从 1.66 亿增加到 2.22 亿。如果我们假设 2/3 的建成环境用作居民用地,1/3 作为以就业为基础的土地利用,那么到 2025 年,所有开发中将大约有 25% 是在 2000 年到 2005 年间建成的(表5—1)。

表5—1　2000～2025 年的开发计划

地　区	需要的新开发(%)	100 年使用寿命中的转化(%)	需要的开发总量(%)
全美	24.7	20.1	44.7
亚特兰大(Atlanta)	43.9	17.4	61.3
巴尔的摩(Baltimore)	23.2	20.3	43.5
波士顿(Boston)	12.3	22.3	34.5
芝加哥(Chicago)	16.4	21.5	37.9
克利夫兰(Cleveland)	5.0	23.8	28.8
达拉斯(Dallas)	39.6	17.9	57.5
丹佛(Denver)	39.6	17.9	57.5
底特律(Detroit)	10.7	22.6	33.3
休斯敦(Houston)	37.7	18.2	55.9
堪萨斯城(Kansas City)	25.7	19.9	45.6
拉斯韦加斯(Las Vegas)	71.1	14.6	85.7
洛杉矶(Los Angeles)	10.1	22.7	32.8
迈阿密(Miami)	23.8	20.2	44.0
明尼阿波利斯—圣保罗地区(Minneapolis-St. Paul)	34.9	18.5	53.4
纽约(New York)	3.4	24.2	27.6
奥克兰(Oakland)	28.7	19.4	48.1
奥兰多(Orlando)	55.7	16.1	71.7
费城(Philadelphia)	8.5	23.0	31.6
菲尼克斯(Phoenix)	58.8	15.7	74.6
匹兹堡(Pittsburg)	5.0	23.8	28.8
波特兰(Portland)	49.0	16.8	65.8
圣路易斯(St. Louis)	14.5	21.8	36.3
圣地亚哥(San Diego)	39.9	17.9	57.7
旧金山(San Francisco)	13.8	22.0	35.7
圣何塞(San Jose)	23.5	20.2	43.8
西雅图(Seattle)	32.8	18.8	51.7
坦帕—圣彼得斯堡地区(Tempa-St. Petersburg)	31.7	19.0	50.7
华盛顿特区(Washington, DC)	28.7	19.4	48.1

资料来源:Nelson,2001。

现有的开发怎么样呢？答案是现有的开发正在衰退，现有开发中的现有土地利用被荒废了。尽管有些设想是合理的，但我们在现有哪些开发要被拆除或取代这一问题上还没有好的结论。我们可以保守地假设，在被取代前，所有的土地利用都存在了100年（尽管不一定要被拆除）。这个数字在不同地区也许会过高或过低，但它好像是一个有用的分界点。以这个假设，2025年所有的开发中大约会有20%是2000年存在的开发，并将会被取代（表5—1）。对于全美国来说，2025年中的建成环境将近有50%是在2000年至2025年间修建（或改装）的。对于一些快速增长的大都市地区，例如，亚特兰大（Atlanta）、拉斯韦加斯（Las Vegas）、奥兰多（Orlando）、菲尼克斯（Phoenix）和俄勒冈州的波特兰（Portland），这个数字将超过60%。甚至增长最慢的大都市地区，像克利夫兰（Cleveland）和匹兹堡（Pittsburg），也将会有超过25%的新开发和转换。更具体地说，在2000年和2025年间，美国将增加大约：6 000万人口；2 400万家庭；5 600万工作岗位，其中一半将在商业、专业性和个人服务业里。

大体来说，这等同于：4 500万套住房（其中一半将取代现有住房）；100亿平方英尺的零售场地，其中53亿是新增的；250亿平方英尺的办公场地，其中122亿是新增的；20亿平方英尺的工业场地，其中10亿是新增的。

收入将提高，机会将增加，技术的作用将扩大，对大多数人来说——也许对每个人来说——生活的平等性将会改善。对规划者和分析家还有他们为之工作的社区来说，这意味着一个在下一代重新塑造发展模式的实际机会。在我们面前有一块新画布。问题是我们要在上面怎样画。理性增长许诺这块画布将会和以前不同，而且会比以前更好。但是，我们怎能知道声称是理性增长的增长是否真是理性增长呢？

二、历史背景下的理性增长

在20世纪开始时，芝加哥博览会的"美丽城市"（Scott，1969）和埃比尼泽·霍华德（Ebenezer Howard）的"花园城市"（Fishman，1989）启动了现代美国城市规划运动。半个世纪过后，"增长管理"（Nelson and Duncan，

1995)及其 25 年以后的"可持续发展"(Jenks,Burton and Williams，1996)成为城市规划的新标语。如今,"理性增长"是改善发展模式的一个受欢迎的词汇。这些词汇共有的特征是要塑造已建成的环境,从而达到社会、经济和环境和谐的目的。"美丽城市"许诺了在引人入胜的环境背景里有宽阔的大街、花园和经济繁荣的整洁城市。霍华德认为,在肮脏、拥挤、令人不能容忍的伦敦郊外建设一个田园般的乡村,花园城市也许能解决所有的社会和经济疾患。

　　增长管理最先是用来针对东北部城市快速郊区化实施的。后来迅速地被加州、美国西北部和佛罗里达采用。这次运动的目的在于改造区域景观,把那里的发展指引到设施能为之服务的地方,而且能远离社会想要保留的空地。它的中心论点是,如果增长能够融合进为保护空地而设定的景观里,经济效率就能达到,环境就能受到保护,社会也会更加安宁。由于要求增长本身必须满足资源消耗可更新的水平,可持续发展大概会抬高增长管理的原则,尽管这不是它直接的意图。

　　现在,我们有理性增长。像所有先前的运动,它对环境保护、经济福利和社会进步作出了承诺。不同于其他运动的是,它没有特定的形态。它没有事先假设某种建成的景观,至少没有那种"美丽城市"(花园环绕的若隐若现的白色建筑)、"花园城市"(由绿化带环绕的卫星新城)、"增长管理"(尽管开发的实际形式取决于很多因素,城市和农村用地有明确划分)及"可持续发展"(在某种程度上提倡小型城区)描绘的景观。理性增长能够实现所有这些结果,或只有一些,或一个也没有。理性增长的麻烦是,当我们遇到它时,我们已很难认出它。

三、理性增长的一般特征

　　理性增长最初引起美国的注意是在 20 世纪 90 年代中期。当时,马里兰州州长帕里斯·N. 格伦迪宁(Parris N. Glendening)启动了马里兰州的理性增长和邻里保护工程。这个工程有三个直接目标。①保护剩余的自然资源。②州政府资源应该分配到已经有建成基础设施或已经被规划的地方。这样做才能支持现有社区和邻里。③减轻纳税人不必要的花费负担。不必要的花费指的是用于建设基础设施的花费。而这些基础设施建设是为了支持低密度、占地广的开发项目,而不是在基础设施已经存在的地方的开发项目。

另一方面,对于国际城市及县管理协会来说,理性增长就是:……投入时间、精力和资源来重建社区并恢复中心城市和旧郊区的活力。新的理性增长更加以城镇为中心,更加以交通和行人为导向,并有住房、商业和零售等更混合的土地利用(和现状相比)。它还保留了空地和很多其他环境宜人之物(Anderson,1998)。

显然,理性增长也可以有其他意思。对全国住宅建筑者联合会(the National Association of Home Builders,NAHB)来说,它指的是赞成新的开发而不是再开发。部分原因是新建筑工程要比复建工程的经济价值高(NAHB,2000)。我们可以接受这一观点。然而,NAHB 对理性增长的认识也指提供更大的住房选择范围,以满足不断变化的需求。另外,在理性增长的真正精神里,理性增长指的是美国住房和城市发展部(Housing and Urban Development,HUD)以及其他一些机构,对用十年时间在城市中心建设 100 万套新居民单元所做的工作。

我们可以举出更多理性增长这一概念的例子。但是,对于大多数,如果不是全部的话,将会获得同样的评语。一般的观点是,理性增长主张:①在基础设施和发展已经存在的地方建设,而不是在绿色地块上,特别是不要在基础设施不存在的地方建设;②把已建成景观里的土地利用形式与能取代自己开车的交通方式联系起来。下面,我将描述一下理性增长的目标和原则。

四、理性增长的目标

要确定理性增长的目标,我们需要从 20 世纪 70 年代增长管理的文献入手。增长管理的文献提供了与马里兰州理性增长的目标大致相同的目标(Ervin,1977)。例如,增长管理的三个目标是:①保留公共财物;②使纳税人的花费最小化;③使土地利用间的不良相互作用最小化。

　　请注意,实际上前两个是马里兰州三个目标的重申(马里兰州的第二个和第三个目标涉及成本最小化)。漏掉的是理性增长是否要使土地利用间的不良相互作用最小化。我认为是的。

　　理性增长的一般特点超越了增长管理的目标。理性增长还以提供更多的住房组合为目标。从这一方面来讲,理性增长超过了增长管理。通过提供住房组合来有意识地增加住房选择,无论将开发引导到哪里,至少一些理性增长的特征促进了社会平等。

　　最后,正如安德森(Anderson)所暗示的,理性增长以在各种土地利用形式间建立积极互动关系为目标。从某种意义上来说,真正能够同时以两种形式利用土地的唯一方法是结合它们。增长管理的目的仅仅在于使负面相互作用最小化,而理性增长试图要使正面的相互作用最大化。因此,理性增长至少有五个直接目的。①如果不能改进,则要保护公共财物,如空气、水和有重要意义的景观。有些资源所有人都能享受(空气),因此没人能被排除在外。而且,增加一个人不会剥夺另一个人对它的享受。但是,污染空气的行为确实会剥夺人们对新鲜空气的享受。②如果不能阻止,则要使土地利用的不良影响最小。某些土地利用对其他土地利用有负面影响。例如,在规划的社区新开发的地方建垃圾场对社区有不良影响。③使土地利用的正面影响最大。有些土地利用与其他土地利用有互相促进作用。例如,邻里学校对居民区开发的影响。④使公共财政负担最小。理性增长应该是以每单位最小的开发成本来提供公共设施和服务。⑤促进社会平等。理性增长应该在小范围里使工作—住房比例达到平衡,提供工作、购物、服务和休闲的平等机会,在邻里中提供考虑到人们生命周期的住房机会,并且在邻里中提供社会经济平衡。

五、理性增长的原则

　　为能达到上述目的,根据理性增长潜在的深奥特性,我列出了一套理性增长原则。它有可能会因为太过简单而受到批评。

1. 保护公共财物。

• 防止城市边缘的进一步扩大。

• 在环境规划上运用系统方法——从侧重于开发转移到盆地或生态系统规划。

• 保证不间断的高质量生活环境。如果不是在城市边缘或边缘外,要尽可能大且呈环状。

• 采用能保护能源的设计。

2. 使土地利用的不良影响最小。

• 防止不同土地利用间不良的相互影响。

• 区分用于机动车和用于行人的土地。

3. 使土地利用的正面影响最大。

• 在开发的 3~5 英里内达到工作—住房平衡。

• 设计有多个交叉点并且路径相对直接的道路网络。

• 为行人和骑自行车的人提供的道路网络要和为开车的人提供的一样好。

• 采用以交通为侧重点的设计。

• 达到每英亩 6~7 户的平均净居民密度(没有拥挤的迹象)。这包括把住房聚集起来以便能保留空地(这个密度适合基本的公共交通)。

4. 使公共财政负担最小。

• 把新开发引到已经被开发的地区。

5. 促进社会平等。

• 为低薪和中等收入的家庭提供负担得起的一户或多户的住房。

• 提供考虑到人们生命周期的住房。

这些原则能够运用到政策和项目中去。政策可以包括土地利用和设施规划、指导发展模式的管理条例,以及指挥公共投资、建筑法规等事宜的资金改善计划。项目通常是新的开发或是某地的再开发。大多数项目按此原则办可能是有困难的,但是,在某些方面它们至少应该与每一个目标里的一个原则保持一致,这样才能被看成是符合理性增长的最低标准。比如,依此原则,在从未被开发的地方(如绿色地块)建设的项目不能被看成是理性增长。

这些目标和原则还能被运用到不同规模的政策或项目上，像一块地、一个社区或是一个区域。区域性项目的一个例子是交通系统，区域性政策的一个例子是大都市的城市增长边界。如果一个城市增长边界不能为低薪和中等收入的家庭提供负担得起的住房，也不能提供考虑到人们生命周期的住房，它就不能被称之为理性增长政策。

六、应用这些原则

让我们分别在工程、社区和地区里应用这些原则。

- 工程：马里兰州的肯特兰滋（Kentlands）和乔治亚州的赖德努（Ridenour）。
- 社区：科罗拉多州博尔德市（Boulder）和马里兰州银泉市（Silver Spring）。
- 地区：加州范图拉县（Ventura）和俄勒冈州波特兰市城区。

（一）工程

肯特兰滋被称作是个体开发中依据了理性增长原则的好例子。它是一个坐落在马里兰州盖瑟堡市（Gaithersburg）附近的新型都市化社区，大约有 1 500 户以及 80 万平方英尺的零售和办公场所（彩图 13）。那里的住房密度比周围郊区的要高，并且有更多的住房选择。那里有合理广阔的商业机会范围。它固然比标准化的郊区要好，但它是理性增长吗？我认为不是。想想看，它是距离最近城市中心大约有 30 英里的蛙跳似的开发例子。与市区的距离和隔绝很可能使每日通勤变得很糟糕。

赖德努位于乔治亚州科布县郊区两条主干线高速公路交叉处。它是混合用途开发的典型（图 5—1）。它占地 88 英亩，有包括单户和多户的 500 户住宅。它有 10 万平方英尺的办公场所，5 万平方英尺的零售场所，一个公园，一个提供住宿和早餐的旅店，一个托儿所，还有一个辅助生活中心。它是理性增长吗？我认为是。这个地区在开发前已经有了一些开发。它达

图5—1　乔治亚州科布县赖德努工程的规划

资料来源：The Macauley Companies，Inc.，2001年1月26日。

A：公寓；AL：辅助生活设施；BB：住宿加早餐的旅店；C：私有公寓；D：托儿所；F：未来开发点；H：饭店；H/B：远足和骑自行车小径；HP：历史遗址公园；O/R：办公/零售；R：娱乐区；S：单户家庭住房；T：排屋；V：乡村田野。

到了工作—住房平衡，利用了现有的交通运输系统（包括联系区域铁路的公共汽车），并提供了内部空间系统。表5—2比较了肯特兰滋和赖德努。

表5—2　肯特兰滋和赖德努的对比

理性增长的目标和原则	肯特兰滋	赖德努
保护公共财物		
防止城市边缘的进一步扩大①	否	是
从侧重于开发转移到盆地或生态系统规划②	无关	无关
保证不间断的高质量生活环境③	否	是
采用能保护能源的设计④	否	是
使土地利用的不良影响最小		
防止不同土地利用类型间的不良影响⑤	否	是

续表

理性增长的目标和原则	肯特兰滋	赖德努
区分用于机动车和用于行人的土地⑥	是	是
使土地利用的正面影响最大		
在开发的 3～5 英里内达到工作—住房平衡⑦	否	是
设计有多个交叉点并且路径相对直接的道路网络⑧	是	是
为行人和骑自行车的人提供的道路网络要和为开车的人提供的一样好⑨	是	是
采用以交通为导向的设计⑩	否	是
达到每英亩 6～7 户的平均净居民密度⑪	否	是
使公共财政负担最小		
把开发引到已经有所开发的地区⑫	否	是
促进社会平等		
为低薪和中等收入的家庭提供负担得起的一户或多户的住房⑬	?	是
提供考虑到人们生命周期的住房⑭	?	是

注释:

①肯特兰滋是把郊区边缘延伸到马里兰农村的绿色地块开发。赖德努是在已有所开发的郊区的发展。

②肯特兰滋是否是在它的区域背景下生态系统方式的基础上规划的还不清楚,而由于赖德努是在现存郊区结构里的开发,这个问题还有待讨论。

③肯特兰滋也许没有必要要保护或破坏大片连续的居住地,但赖德努很显然不会对这样的居住地造成威胁。因为它在郊外开发了的区域内。

④在肯特兰滋,归功于设计和循环的能源节约被延长了的上班和购物的交通抵消。赖德努采用了带有内部循环的节约能源设计,并直接和区域交通系统相连。

⑤肯特兰滋对区域里的农业生产有负面影响(Nelson and Duncan, 1995)。赖德努适应了现有开发了的郊区。

⑥在它们的工程中,肯特兰滋和赖德努都把机动车和行人分开了。

⑦肯特兰滋为多达 2 000 名工人提供了住房,但它所能提供的绝大多数工作在低薪零售业。赖德努将产生大约 600 份工作,它的居民区将成为大约 650 名工人的家园,并有变化多样的住房种类、价格和房租。赖德努将达到一个合理的工作—住房平衡。

⑧肯特兰滋和赖德努都有具有多个交叉点和相对直接的路径的道路网络。

⑨肯特兰滋和赖德努为行人和骑自行车的人提供的公路网络都像为开车的人提供的一样好。

⑩肯特兰滋的设计没有考虑到交通系统。虽然是在预期建设的轻轨或高速公共汽车系统之前完工的,赖德努的开发顾及了为之服务的交通。

⑪肯特兰滋的净密度似乎比这个目标低,而赖德努的超过了这个目标。

⑫见注释①。

⑬尽管肯特兰滋提供了不同大小、价格和类型的住宅,但我们不清楚它是否达到了像为低薪和中等收入的家庭提供公平份额这样的平衡。赖德努达到了这种平衡。15％～20％的住宅迎合了当地低薪到中等收入的家庭。

⑭在赖德努,这样一个周期是有可能的。一个孩子长大成人,搬进了一套公寓,然后搬进了单户家庭的独立的房子。取决于家庭的需求和收入,这个房子大小可以不同。最后,随着需求的变化,搬进了小一点的房子或公寓。而在肯特兰滋,我们不清楚这个是否可能。

（二）社区

科罗拉多州博尔德市是科罗拉多大学的所在地。自从 20 世纪 70 年代，它就使用了一个城市增长界限来控制城市蔓延和防止落基山脉丘陵地带的发展（彩图 14）。但是，它没有做任何改善住房需求的工作。尽管市政府全面付出了努力，博尔德市的住房对很多——如果还不算大多数的话——在那里工作的人来说还是太昂贵了。住房需求转移到博尔德市临近的其他主要城市，郎蒙特及其周边农村地区（表 5—3）。

表 5—3　博尔德和朗蒙特市中心新建都市住房单元的比例(1988～1998 年)

时间	人口	市区新建住房比例(%)	人口	市区新建住房比例(%)
	博尔德		朗蒙特	
1988 年	81 987	28.8	49 832	10.4
1989 年	82 649	23.8	50 694	14.3
1990 年	83 312	35.2	51 555	5.1
1991 年	84 581	20.2	52 683	10.1
1992 年	85 851	26.7	53 809	14.9
1993 年	87 120	16.5	54 937	15.0
1994 年	88 389	13.6	56 064	19.4
1995 年	89 659	5.3	57 191	28.0
1996 年	90 928	7.8	58 318	22.4
1997 年	92 197	6.8	59 446	41.4
1998 年	93 467	7.5	60 572	30.9

资料来源：改编自美国普查局《建筑许可年度报告》(Nelson，2001)。

马里兰州银泉市位于蒙哥马利县，毗邻哥伦比亚特区。它由六个规划地区组成，并在蒙哥马利县区域城市增长的界限以内（彩图 15）。虽然面临着同博尔德市相似的发展压力，它提供了更多适合工薪大众选择的住房（表 5—4）。表 5—5 比较了博尔德和银泉市这两个理性增长社区。

表 5—4　1997 年马里兰银泉市的家庭和住房情况

特征	独户分离式	排屋	花园式	高层公寓	所有类型
百分比(%)	30.1	2.4	26.8	40.7	100.0
家庭人数	2.75	2.15	1.79	1.72	2.06
月花费(美元)					
住房所有者	1 292	1 221	964	754	1 224
租房者	1 030	918	659	794	747
家庭收入(美元)					
低于 30 000(%)	8.7	3.9	23.3	30.9	20.4
30 000~49 999(%)	12.3	22.7	46.2	35.8	30.4
50 000~69 999(%)	16.3	13.3	22.7	17.6	18.6
70 000~99 999(%)	21.7	18.7	7.0	12.0	14.1
100 000+(%)	41.0	41.5	0.7	3.5	16.6
中值	87 365	80 265	44 905	37 990	49 640

来源:蒙哥马利县规划部在线:http://www.mc-mncppc.org/factmap/databook/profiles/silversp.htm.

表 5—5　博尔德市和银泉市的对比

理性增长的目标和原则	博尔德市	银泉市
保护公共财物		
防止城市边缘的进一步扩大①	?	是
从侧重于开发转移到盆地或生态系统规划②	是	是
保证不间断的高质量生活环境③	否	是
采用能保护能源的设计④	否	是
使土地利用的不良影响最小		
防止不同土地利用类型间的不良影响⑤	否	是
区分用于机动车和用于行人的土地⑥	是	是
使土地利用的正面影响最大		
在开发的 3~5 英里内达到工作—住房平衡⑦	否	是
设计有多个交叉点并且路径相对直接的道路网络⑧	是	是
为行人和骑自行车的人提供的道路网络要和为开车的人提供的一样好⑨	是	是
采用以交通为导向的设计⑩	否	是
达到每英亩 6~7 户的平均净居民密度⑪	否	是

续表

理性增长的目标和原则	博尔德市	银泉市
使公共财政负担最小		
把开发引到已经被开发了的地区⑫	?	是
促进社会平等		
为低薪和中等收入的家庭提供负担得起的一户或多户的住房⑬	否	是
提供考虑到人们生命周期的住房⑬	否	是

注释：

① 尽管能防止增长发生在绿色环带内，由于没能配合区域性开发需求成比例的分配，也没能成为控制城市蔓延的区域性方法的一部分，博尔德市的政策使发展从博尔德市转移到它绿色环带外的农村地区。银泉市配合了发展，也是蒙哥马利县区域城市保护项目的一部分。

② 博尔德市自己采用了生态系统的方法。银泉市通过与蒙哥马利县协调做到了这点。

③ 通过以不是在区域城市保护规划指导下的开发作代替，博尔德市没能保持大片连续的生存环境。而银泉市作为蒙哥马利县区域城市保护项目的一部分保持了大片连续的生存环境。

④ 归功于设计和循环的能源节约被在博尔德市上班却无经济能力住在那里的人们加长了的上班通勤所抵消。银泉市采用了带有内部循环的节约能源设计，并直接和区域交通系统相连。

⑤ 通过把发展转移到绿色环带以外的农村，博尔德市对区域里的农业生产有负面影响（Nelson and Duncan, 1995）。而银泉市是蒙哥马利县城市保护项目的一部分。

⑥ 博尔德市和银泉市都把机动车和行人分开了。

⑦ 博尔德市的居民大约有 6 万份工作，而在那里工作的人大约有 8 万人，说明工作—住房平衡没有达到。银泉市的居民大约有 2.7 万份工作，较接近那里可以找到的 3 万份工作。它们谁也没有达到真正的工作—住房平衡，但银泉市更接近些。

⑧ 博尔德市和银泉市都有具有多个交叉点和相对直接的路径的道路网络。

⑨ 博尔德市和银泉市为行人和骑自行车的人提供的公路网络都像为开车的人提供的一样好。

⑩ 尽管拥有一个小的公共汽车系统，博尔德市没有追求以交通为导向的发展关系，而银泉市做到了这点。

⑪ 博尔德市的净密度似乎比这个目标低，而银泉市的超过了这个目标。

⑫ 见注释①。尽管博尔德市的确把市内的开发引到已经被开发的地区或是把开发限制在城市增长界限（UGB）内，它却没有一个很好的规划。所以它的开发遍布博尔德县。

⑬ 尽管博尔德市提供了不同大小、价格和类型的住宅，并有精细全面的住房工程，但我们不清楚它是否达到了像为低薪和中等收入的家庭提供区域性公平份额这样的平衡。银泉市似乎达到了这种平衡。大约 20% 的住宅迎合了当地低薪到中等收入的家庭（表 5—4）。

⑭ 在银泉市，这样一个周期是有可能的。一个孩子长大成人，搬进了一套公寓，然后搬进了单户家庭的独立的房子，取决于家庭的需求和收入，这个房子大小可以不同。最后，随着需求的变化，搬进了小一点的房子或公寓。我们不清楚这个在博尔德市是否有可能实现。

（三）地区

1999 年 11 月,范图拉县的选民通过了几项增长控制的立法提案。立法提案包括以奥克斯纳德(Oxnard)、卡马里洛(Camarillo)、千橡树(Thousand Oaks)、斯密谷(Simi Valley)等城市的城市增长界限(UGB)为补充,在农田和空地被重新分区或转化成居民或商业用地前,要制定出一个由选民批准的县级 UGB 限度(彩图 16)。城市的 UGB 限度要先经选民认可,城市界限外的土地才能被并入城市。虽然这个做法在某种意义上好像是理性增长,但我认为它还不是。

自 1978 年以来,俄勒冈州波特兰市的城区就已采用了 UGB,并结合了全国一些最严格的空地保护政策来塑造城市形态(彩图 17)。对开发的所有预计需要都被控制在 UGB 内。波特兰市的方法明确地显示了理性增长的所有目标和每一条原则。表 5—6 比较了波特兰市区理性增长的规划和范图拉县的发展。

表5—6　范图拉县和波特兰市区的对比

理性增长的目标和原则	范图拉县	波特兰市区
保护公共财物		
防止城市边缘的进一步扩大[1]	是	是
从侧重于开发转移到盆地或生态系统规划[2]	是	是
保证不间断的高质量生活环境[3]	是	是
采用能保护能源的设计[4]	否	是
使土地利用的不良影响最小		
防止不同土地利用类型间的不良影响[5]	是	是
区分用于机动车和用于行人的土地[6]	是	是
使土地利用的正面影响最大		
在开发的 3~5 英里内达到工作—住房平衡[7]	否	是
设计有多个交叉点并且路径相对直接的道路网络[8]	是	是
为行人和骑自行车的人提供的道路网络要和为开车的人提供的一样好[9]	是	是
采用以交通为导向的设计[10]	否	是

续表

理性增长的目标和原则	范图拉县	波特兰市区
达到每英亩 6～7 户的平均净居民密度⑪	否	是
使公共财政负担最小		
把开发引到已经被开发了的地区⑫	否	是
促进社会平等		
为低薪和中等收入的家庭提供负担得起的一户或多户的住房⑬	否	是
提供考虑到人们生命周期的住房⑭	否	是

注释：

① 范图拉县和波特兰市区都限制了城市发展向外扩展。

② 范图拉县和波特兰市区都有明确的生态系统的规划准则。

③ 范图拉县和波特兰市区都有保护大片居住环境的规划准则。

④ 归功于设计和循环的能源节约在范图拉县被加长了的上班通勤所抵消。波特兰市区的设计有节约能源的特点,其中包括距离工作地点较近。

⑤ 范图拉县和波特兰市区都在防止发展的负面影响上做出了相当好的工作。

⑥ 范图拉县和波特兰市区都做出了把机动车和行人分开的努力。

⑦ 广泛地说,范图拉县和波特兰市区都达到了工作—住房平衡。但是,波特兰市对它的规划方案进行了补充以便在每个社区内都实现平衡,而范图拉县没有这样做。

⑧ 范图拉县和波特兰市区都有具有多个联接和相对直接的路径的道路网络。

⑨ 范图拉县和波特兰市区为行人和骑自行车的人提供的公路网络都像为开车的人提供的一样好。

⑩ 范图拉县没有追求以交通为导向的发展关系,而波特兰市区做到了这点。

⑪ 范图拉县的净密度似乎比这个目标低,而波特兰市区的达到了这个目标。

⑫ 见注释①。尽管范图拉县的确把县内的开发引到了已经被开发的地区或是把开发限制在城市增长界限(UGB)内,它却没有一个好的规划。所以它的开发遍布了整个区域。

⑬ 尽管范图拉县提供了不同大小、价格和类型的住宅,但我们不清楚它是否达到了像为低薪和中等收入的家庭提供区域性公平份额这样的平衡。波特兰市区的规划政策给社区提出明确的要达到的住房目标。

⑭ 如果不是每一个,在大多数波特兰市区的社区里,这样一个周期是有可能的。一个孩子长大成人,搬进了一套公寓,然后搬进了单户家庭的独立的房子,取决于家庭的需求和收入,这个房子大小可以不同。最后,随着需求的变化,搬进了小一点的房子或公寓。我们不清楚这个在范图拉县是否可能。

七、评论

　　肯特兰滋、博尔德市和范图拉县是坏的社区吗？不，它们不是。相对于通常的增长，它们都有积极的贡献。肯特兰滋显然是传统郊区中下一级地区设计和发展的一个改进。博尔德市保护了上一代人本该保护的东西，但仍缺乏一个区域结构。范图拉县把城市发展控制在了 UGB 内。所有这些努力都是值得的，很多受到了理所应得的表彰。

　　但严格地说，它们是理性增长吗？我认为不是。虽然每一个要素都反映了理性增长的灵感，但总的来说，它们不能得到理性增长这个称号。相反，赖德努、银泉市和波特兰市区是理性增长的例子。在每一个理性增长的目标里，这些地方的发展明显是建立在至少一条原则之上的。比它们的对比城市相比，每个地方在总体上都把更多条原则作为基础。不同于肯特兰滋，赖德努证明了怎样在已发展的郊区环境里创建新的社区。和博尔德市相比，银泉市被有意识地设计成能适应更大都市的结构，但仍用 UGB 来定义城市和农村的分界。不同于范图拉县，波特兰市区既在整个地区又在市区内每个社区里主动适应所有发展的要求。

　　从这篇分析中得出的是理性增长的连续集合。表 5—7 描绘了它。通常的增长是现今很多人试图改变的，理性增长是人们想要的后果。但是，如果没有一个决定什么才是理性增长的方案，我们就无法评价那些冠以理性增长称号的开发项目。这个连续集合包括了一个中间地带：如果某个增长是通常增长的改进，但没有满足理性增长的所有条件，它可以被认为是更好的增长。

　　理性增长必须有客观意义，否则这一概念将会是苍白无力的。我已经提出了可以客观评价理性增长声明的参考标准。它仅仅是一个起点，我们还需要更多的工作来充实它。但是在我们遇到理性增长时，这个清单可以帮我们识别它。我们现在需要的是一个能为真正的理性增长盖章的组织，以保证这个词语不被滥用。

表 5—7　理性增长的连续集合

通常的增长	更好的增长	理性增长
传统的下级分区	肯特兰滋	赖德努
	博尔德市	银泉市
传统的土地利用规划	范图拉县	波特兰市区

参考文献

Anderson, Geoff. 1998. *Why smart growth: A primer*. Washington, DC: International City-County Management Association.

Ervin, David E., et al. 1977. *Land use control: The economic and political effects*. New York, NY: Praeger.

Fishman, Robert. 1989. *Urban utopias in the twentieth century*. Cambridge, MA: MIT Press.

Jenks, Mike, Elizabeth Burton, and Kati Williams. 1996. *The compact city: A sustainable urban form?* London, England: E & FN Spon.

National Association of Home Builders (NAHB). 2000. *Smart growth report: Building better places to live, work and play*. Washington, DC: National Association of Home Builders.

Nelson, Arthur C. 2001. *A new canvas: The time really is now to shape the built environment*. Atlanta, GA: City and Regional Planning, Georgia Institute of Technology.

Nelson, Arthur C., and James B. Duncan. 1995. *Growth management principles and practices*. Chicago, IL: American Planning Association.

Scott, Mel. 1969. *American city planning*. Berkeley, CA: University of California Press.

第六章　给理性增长提倡者的七个明智
（但可能不切实际的）目标

亚历克斯·克里格（Alex Krieger）

环境保护主义者、住房建造商、城市重建的支持者和郊区居民都显示出了对理性增长的热情。他们预见到的结果会相同吗？我认为是不会的。实际上，理性增长的标语或多或少有些令人讨厌的本性，人们很难不对它一笑了之。从一方面来说，它暗示着利用理性增长这个词把自己放在争论的正确一方，是有可能获得所有人都想要的理性增长的。从另一方面来说，愤世嫉俗者也许会问，这个标语这么流行的原因不就是它可以掩饰反本地发展主义（NIMBYism）吗？反本地发展主义认为，最好不要有进一步的增长（至少不要在自家后院附近）。它是一种以自我为中心的姿态。

当听到对理性增长的鼓吹时，我们要问的是，"对谁来说是理性增长？"这个问题通常是明智的。我为能有一个更理性增长的未来提出了以下七个不切实际的建议。

一、对过剩建设征税

据估计，在美国将近每 12 套住宅中就有一套是闲置着的。这些闲置的房子有的是被认为太过陈旧或无法修补而被抛弃的房子，有的是还没卖出去的房子，有的是刚刚建成还没有人住的房子，还有的是由于位于不受欢迎的社区而被闲置的。这项令人吃惊的统计还不包括由相同家庭所有的第二栋住房。美国文化具有相当大的制造过剩的能力(顺便说,不仅仅是在中产阶级的住房建筑上)。况且,经济的繁荣几乎也无法使这个能力削弱。让我们来看看《今日美国》(USA Today)近期报道的一篇封面故事。故事讲述了第二住房这一潮流的。照片中有一对英俊的中年夫妇漫步在一条美丽的体现了新城市规划主义的街道上。附带的图文解释讲述了近期第二住房社区的涌现,并引用了其他夫妇对为什么要买第二栋房子的解释。这一潮流不会帮助整个社会更理性的增长。然而,那些在第二套住宅上投资的人们似乎不会认为他们自己的行为是愚蠢的或是迟钝的。

那么,我们为什么不想个办法来对过剩建设征税呢? 我们可以提出一个分级收税的系统作为开始。例如,第二栋房子的购买者可以按房子的地理位置缴税。以波士顿作为主要地址,纳税人可能只需为他在洛克斯伯里(Roxbury)或郭切斯特(Corchester)的第二栋房子(也许用来出租)交很少的税(彩图 18)。而在 128 号和 495 号公路间购买第二栋房子需要交的税也许会高得多。在波克夏(Berkshires)的鳕鱼角或是缅因海岸上购买第二栋房子也许会面临像高利贷似的税(经考虑后,我在这里姑且不提缅因海岸。因为那里恰巧是我和我的家人度假的地方)。顺便说一下,这种过剩建设税应该是一项专用税。它应该被仅仅用来增加地方政府的总预算收入。它还应只被用来实施其他理性增长的政策,例如邻里再投资或是作为负担得起的住房基金。

因为它与国家经济繁荣背道而驰,这种过剩建设税(城市蔓延的历史结果)肯定会遇到阻挠。如果我们只购买我们真正需要的,美国经济会发生什么变化呢? 令人想到就毛骨悚然的是,哪怕仅仅是观察一下大多数美国人的衣橱和车库,我们就会发现无数件没有必要的物品。下次,当你看到"每年新建住宅开工数量"这个经常被使用的国家经济状况指标时,你要想一想是否所有的工程都有必要。特别要想一想它们是在哪儿建的,是为谁建的。

二、支持剑桥市向空中发展的分区制修正案

马萨诸塞州的剑桥市是一个令人向往的居住地。那么是否应该使迁入剑桥的程序简单化呢? 那一地区的额外好处是,剑桥市内有充足的住房。这就使人们不用在 495 号公路以西的绿色地块开发住房。充足的房屋供给减轻了目前剑桥的住房短缺,使剑桥市住房的价格更能被人们接受。这样,也许像我一样的年轻教授也能享受威廉·米切尔(William Mitchell)在第四章中描述的生活与工作地点相近的好处(不幸的是,我必须通勤于波士顿及其附近更便宜的一个镇)。不再增加已是城市化的土地上的密度对理性增长来说不是一件好事么? 至少它可以是郊区蔓延的反作用力。

使剑桥居民相信向空中发展的分区制修正案对他们来说是件好事的可能性有多大? 有多少波士顿百克湾(Back Bay)的居民会支持在马萨诸塞收费高速公路上方的建设工程? 对谁来说,理性增长问题是一个现实问题? 向空中发展的分区制修正案对剑桥现在的居民会是“理性”的吗? 如果他们(正确地或是不正确地)认为这个修正案会使他们缴纳更多的市政服务税,或者会给他们的城市带来更大的交通量,他们就不会认为此修正案是理性的。然而,从区域角度来看,从全国土地利用的立场来看,从保护空地的视角来看,或是从生态前景来看,这一修正案或许是更理性的。

现在,让我们以一个正在寻找新家园、新邻里,同时调和方便性、子女教育和房价等事宜的年轻家庭的视角来看待这一问题。他们应该住在需要更大花销的剑桥,为控制城市蔓延尽一份力吗? 还是应该选择相对来说较便宜的远郊区和那里良好的公立学校,但要准备好支付第二辆汽车的开销? 这种选择权衡导致我们对社区、地区或家庭的最好利益有大相径庭的结论,并使我们需要在会议上更进一步讨论理性增长。

三、增加 1 美元的汽油税

正如很多人认为,如果对汽车的依赖导致了很不理性的增长模式,那么

就让我们向那些应负责任的人——开车的人——收取使用费。这样做对社会会有两点好处：①由于更高的运营成本，机动车的使用会（稍微）降低；②对有意义的理性增长事业来说是一笔持续的收入（如果专用于此），如投资建设负担得起的住宅、以公共手段取得空地或是增加公共交通系统的基金。要来确定这项税收会怎样不受欢迎是困难的。人们相信，就像大多数消费品开支，汽油价格是非弹性的。但实际上好像不是这样的。汽油价格在过去一年左右上涨了超过 1 美元，而没有受到消费者的强烈抗议，人均行使里程也没有任何明显下降（彩图 19）。油价可以再涨 1 美元或 2 美元。但是，很难会有任何政治领导人愿意公开支持像专用汽油税这样的事。尽管像养路费、运行税或使用税等影响费会偶尔被提及，但没有一个是我们想要的。

事实上，尽管有偶尔大胆的言语，我们还没有勇气去追求那些可能确实会带来理性增长的政策，或至少会控制蔓延的政策。我们通常采用会引起最少抵抗的方法。在近期的选举中，大多数所谓理性增长的投票主要是针对空地保护的。这些空地保护通常是在富人区里。在那里，人们能负担这项花费。这是能改变全国土地开发行为的理性吗？值得我们怀疑。

四、转让区域性开发权

有的土地所有人因为其土地景色优美或是因为土地上有有价值的农业而不想把它变成开发区，但这样做会导致经济利益的很大损失。为什么不能让他们把发展价值"出售"给已经城市化的地区呢？这将需要对开发有需求的地方和开发权有可能被转移到的地方的合作，例如剑桥。转让地点的确定需要通过自愿的区域性合作或是通过某种形式的区域性管理。地区当局必须采取手段平衡那些指定为保护区的地区和那些准备好并愿意接受更进一步增长的地区。这将肯定与在美国被认为是最有价值的地方自治相冲突。地方之间对市场和税收基础的竞争常常排除了辖区之间的合作。

另外，转让地区必须有简化的、效率高的批准过程。祝好运！蔓延的长期催化剂之一就是获得大量绿地许可的容易程度。这个容易程度应与大多数城市化地区对开发的批准和审查,以及对发展速度的控制等繁琐程续相比较来看。

五、实行区域性税收共享

这不将会是一个能平衡区域增长压力,同时又能使社区间税收竞争最小化的好办法吗?这种税收竞争最终不会促进任何区域性增长管理的努力。这不将会帮助第一环郊区吗?因为人们已不再把它当作良好的投资环境了,或是因为简单地被扩建,第一环郊区正挣扎着要增加财政收入或保持服务。这不将会对区域里一些内城区邻里有帮助吗?这将使内城区能保持它们的服务水平,从而使人口和商业的持续流失好转(或更好地说,完全停止)。明尼苏达州的双城市是有这种收入共享政策地区的极少数之一。还有更好的方法能平衡掉这种相邻社区间的不平等吗?这种区域间合作的相对缺乏是我们没有勇气追求有效的理性增长政策的反映吗?

六、利用联邦预算结余的一部分建立一个郊区复兴项目

(请注意,这个建议不比其他的更显得有道理的)为什么不用一些(9.11前的)财政预算结余来开展一次好像 20 世纪中期的城市复兴工程似的全国性活动呢?这将不应以贫民窟清除、居民搬迁或是组织管理严密的规划为焦点,而将要侧重于翻新旧城、增加基础设施、进行恰当的再利用、有选择地提高密度、促进像学校这样的社区配套设施的现代化、为家庭商业和小规模商业的改善提供资助,以及类似这样能帮助旧郊区的策略。对牢固(或是按开发业形容的,重新定位)并提高已经开发了的地区的吸引力所做的工作应该能减小要抛弃旧郊区而在更远的地方建新郊区的冲动,哪怕只是轻微地(彩图 20)。这使我想到我的最后一个也可能是最不切实际的建议。

七、在文化上要变得不易受"新的并有改进的"销售广告 的影响

我对新都市主义的流行持怀疑态度,不是因为它所提倡的原则,而是因为它对成功经常夸大了声明。这些声明通常是为新开发提出的,并下意识地带有推销性的广告词:离开你目前居住的不流行的郊区,搬进我们令人愉快的全新郊区。广告中的"新的并有改进的"东西常常会诱发消费者市场。事实上,很多蔓延和重复建设就是这样促成的! 企业家似的(如果不是以可持续性为动机的)住房建造商充分了解稍有不同但不是真正创新的东西的诱惑。当美国社会开始变得对各种生活方式和包括旧城在内的居住地点感兴趣时,新的并改进了的郊区住宅区不应该误导我们的选择。

现在,我变得有些尖锐了,但这从来就没有用。当然,更好地管理我们的土地和其他资源是一件非常理智的事,并随着时间已被很多人认同了。我的观点是,姑且不提要承认自己应对(对全社会来说)不太理性的个人行为负责,要想有效地完成这项工作,我们最终需要作出一些困难的抉择,也需要有一些有勇气的政策。我还没有看到这些抉择和政策。相反,我听到一些慷慨激昂的雄辩——但有用的不多——以及更坏的情况:有些人为了保护自己的生活质量而批评其他想要达到类似标准或能够分享同样选择的人。这反映了极其自私的动机。

看起来好像总是下一级分区,而不是自己的,造成了所有的交通堵塞和对社会承诺的缺乏,并吞噬了有价值的空地。有些人好像在说,不要限制我在我自己选择的蔓延中获得利益的方法(如设置养路费或影响费),但一定要保护我免受未来增长的影响。也许,当一个像郊区住宅区这样的好主意变得到处(或几乎是)都是时,并因此而受到早期提倡者施加的重点制约时,这种情况就不可避免了。正如对 20 世纪早期的匹兹堡的评价所述,当一个经理主管人员不得不带着一件备用白衬衫上班,因为身上那件会在半天内被煤灰覆盖时,理性增长实际上可能必须要从过分强调工业的城市中撤离了。20 世纪早期,地方分权是提高居住环境质量的方法。我们在今天的城

市化进程中处于不同的阶段。

对于我来说,在 21 世纪的开端,更理性增长的希望不在于严厉的土地利用的限制条例,或是激进的分区变化(它们当中有些可能有用),而在于重新对城市生活感兴趣。和 20 世纪 50 年代和 60 年代相比,现在有更多的人意识到了城市生活的优点,并不把人口高度集中的地方看成是拥挤的或是功能紊乱的,而是把它看成是令人愉快的。我认为,对城市生活再次感兴趣是对未来增长管理最有必要的。而不是好像是在工业革命时期,居住在城市是强加于人的。这个观点,以及挑战传统看法的更多勇气,还有对"对谁来说是理性增长?"提问的勇气,高居我对促成理性增长所列的工作日程上。

我不能容忍那些先发现了居住在城市的优点,但现在舍不得给其他人一个重回城市的机会的城市居住者。我也不赞成那些毫无悔意的郊区居民。他们想要对新来者否认他们郊区梦想的好处。保证所有人都有广泛的居住地选择也许是最不切实际的,但又是最有必要的理性增长政策。

第七章　更理性的标准和规则

——使下级分区的空间模型多样化

埃兰·本—约瑟夫(Eran Ben-Joseph)

设计和建筑行业通常有相当严格的控制和标准结构。这些控制和标准规定了下级分区设计的各个方面。街道的最小宽度、人行道或植树带的尺度或许看起来无足轻重,但当用于大量有着数百万人的街道时,这些尺度就对我们邻里的面貌及其给我们带来的感觉和服务有着巨大影响。以街道标准为例。在过去 55 年里,由交通工程院(Institute of Transportation Engineers,简称 ITE)制定的现行居民小区里道路的路权宽度一直保持在 50～60 英尺。在一个典型的面积为 5 000 平方英尺、路权为 56 英尺的郊区小区里,道路大约应占总开发面积的 30％。若包括 20 英尺的住宅车道,铺砌空间面积将增长到开发总面积的大约 50％(彩图 21)。

我不是说我们应该废除标准。很显然,设计和施工标准能够并且常常确实是保证了最低质量标准。例如很多为保护我们的健康和安全而制定的规划和建设标准。当为健康和安全制定的标准超出了它们的限度并失去了它们对好坏主观评定的基础时,或是当它们不再与它们存在的原因紧密相联时,问题就会出现。居住环境是以无人质疑的标准塑造的。这也是为什么现有条例是如此严格和封闭而不能被改变的原因。大型建筑工程需要消耗大量土地,房子前需要有宽阔的街道、更深的车道以及宽阔的铺砌道路。这些要求常常限制了非传统的开发。

这种情形为什么会形成呢? 主要是因为这些标准经过多年的时间变成

了一个成型的而且被公共认可的规章。这个规章理应保护开发商和市政府不负法律责任。

一、公共政策为蔓延设计提供了直接和间接的动机

美国下级分区法规发展的历史记录显示,公共政策和盛行的蔓延设计形式有明显的关系。过去70年的联邦财政资助和住房抵押保险造成了美国历史上最野心勃勃的郊区化规划。为了确保它的投资有所收益,联邦政府通过联邦住房当局(Federal Housing Authority,简称FHA)建立了一个为避免风险和失败设计的全面鉴定程序。为了取得贷款资格,贷方、借款者和开发商必须上交详细的规划图以及工程在管理部门的背书。这些材料能决定他们是否有可靠的前景。因此,FHA的承保程序很快就变成了普遍标准。由于在危机时刻能得到金钱上的资助,开发商很愿意遵守公布的标准。FHA的官员们很快发现,他们自己有远远大于任何规划部门的权力地位来指导和塑造今后几代的发展。

FHA的最低标准和设计条例奠定了现代下级分区准则的根基。这些标准和条例塑造了联邦公共住房当局(Federal Public Housing Authority)采用的一些准则和它战争时期的住房工程,为二战后郊区化动力提供了基础,还为地方政府的下级分区规则建立了基础。1934年,将近有4 000个金融机构,代表着超过全国商业银行资源的70%,拥有FHA的保险计划。到了1959年,FHA住房抵押保险已经协助为500万家庭提供了住房,并帮助修缮了2 200万栋住房。每五个美国家庭中就有三个曾经在住房购买中受到过联邦政府的资助,大多是单户家庭住房的购买(FHA,1959)。

1935年1月,FHA的第一个技术性标准出版物出现在一个由五个通告组成的系列法令中:《未开发下级分区住房抵押保险的标准——〈全国住房法令〉第二条》。通告五——《下级分区标准》(1937年)是FHA技术部后来的出版物的基础。在以书面标准制定规章制度的同时,FHA也为发展模式提出了建议和劝告。通告以图例说明了要建一个理想的"充分平衡的、经过谨慎规划的下级分区"所需的尺度(图7—1)。

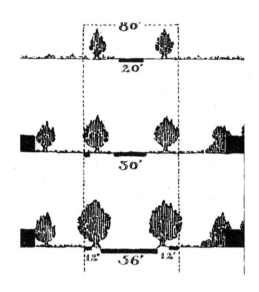

图7—1　FHA第一个对道路宽度提出建议的出版物用图解释了怎么能随着邻里的增大逐渐扩建有80英尺路权的道路。道路设计标准的简单工程手册对美国的景观有主要影响。作为绝对的、无可争辩的标准,这些手册成为不允许有一点儿想象和改动的严格的规章制度。它们塑造了邻里和社区的整体模式,也塑造了单个居民地和道路的特征。绘图版权:FHA,1937。

　　仅仅靠提出一个没人能拒绝的提议,联邦政府就可以行使它巨大的威信和权力了。FHA1935年的行政官詹姆斯·莫菲特(James Moffett)在一次保密会议上对他的顾问团说,"必须要依《住房法令》的规定给住房抵押保险附加一些条件。这样,我们才能控制有可能会贬值的超额建设,或通过政治力量在并不好的投资地带建设。我们也能控制人口趋势、邻里标准、材料和其他任何东西"(Weiss,1987)。到了1941年,全美已有32个州建立了地方规划委员会,并通过了承认下级分区控制权力的法规。一旦被社区批准并授权,这些委员会就可以在辖区内行使下级分区程序的规则和条例。大多数规则和条例是采用联邦政府制定好的标准,特别是FHA的标准(Lautner,1941)。

二、公共领域里的变化

地方部门的独立性和他们能远离政府的准绳办事的能力是改变条例和标准的关键。在美国有些地方，这种趋势已开始出现。由于越来越多的社区要与不加控制的增长引起的生活质量下降、交通拥挤和现有基础设施失灵等问题作斗争，人们对地方权力产生了更大的兴趣。有些地方还正在建立自己的设计立法和条例。1991年，俄勒冈的波特兰市把名为"瘦小街道计划"(Skinny Street Program)的地方道路新标准纳入到它的总体交通规划。"瘦小街道计划"把当地居民区道路的宽度降低了12英尺，是保护居住条件和邻里整体性低成本高效率的方法。另外，降低了的标准还减小了下降斜坡的影响，减少了暴风雨后的排水工作，从而减少了花费（彩图22）。

"瘦小街道计划"受到居民和州内官员的高度支持。它获得了俄勒冈城市联盟颁发的1995年度优秀奖。它的成功还使俄勒冈土地保护和发展委员会(LCDC)制定了一条法规，规定州内其他辖区也要采用"瘦小街道计划"。"瘦小街道计划"的吸引力正在慢慢地被全国接受。据近期一份调查表明，16个州超过30个辖区批准了类似狭窄街道的标准（表7—1）。

当狭窄街道挑战街道标准的传统模式时，州政府正尝试着废除对负担得起的住房建设的制度性障碍。这是一个更全面的冒险。30年前制定的《马萨诸塞综合许可法》"为了增加为低薪和中等收入家庭提供的住房并改善它的分配，部分废除了与建设此类住房不符的现行地方规则"。它在这个重要的舞台上已经提供了很多地方灵活性。许可过程允许市政当局和开发商提交一些开发设计，且这些设计要从根本上不同于那些遵循了依旧正确的现行下级分区制法令的设计。高密度、富于变化的房屋样式以及成串的住房结构都成为可能，并不受传统的下级分区规则的限制。30年间，据估计大约有1 000份设计，包括负担得起的住房，已被呈现在地方分区官员面前。但是，私有市场还很少有人，特别是那些急切渴望改变严格的分区制和规则的开发商，在设计及形式规划上全面利用法律允许的自由。

表7—1 有关狭窄街道的数据

州名	管辖区	标准
亚利桑那	菲尼克斯	28'-两边泊车
加利福尼亚	圣罗莎	30'-两边泊车，< 1000 ADT
		26'-28'-一边泊车
		20'-不能泊车
		20'-在交叉口的细颈处
	帕姆代尔	28'-两边泊车
	圣何塞	30'-两边泊车，小于 21 DU
		34'-两边泊车，大于 21 DU
	诺瓦托	24'-两边泊车，2-4 DU
		28'-两边泊车，5-15 DU
科罗拉多	博尔德	32'-两边泊车，1000-2500 ADT
		30'-两边泊车，500-1000 ADT
	科林斯堡	30'-两边泊车
		24'-小巷
特拉华	特拉华交通部	灵活的设计方针
		200'-500' 长的街区；网络连通性
		21'-一边泊车，单行线，排列成地方下级分区
		22'-29' 一边泊车
		12' 成 20' 一排的小巷
佛罗里达	奥兰多	28'-两边泊车，民宅占地宽度小于 55'
		22'-两边泊车，民宅占地宽度大于 55'
缅因	波特兰	24'-一边泊车
马里兰	霍华德县	24'-一边泊车，< 1000 ADT
密歇根	伯明翰	26'-两边泊车
		20'-一边泊车
蒙大拿	海伦娜	33'-两边泊车
	米苏拉	28'-两边泊车，81-200 DU
		32'-两边泊车，81-200 DU
		12'-小巷
新墨西哥	阿尔伯克基	27'-一边泊车
	圣菲	34'-无泊车规则
俄勒冈	比佛顿	28'-两边泊车，小于 750 ADT

州名	管辖区	标准
	尤金	12'-单行小巷
		16'-双行小巷
		20'-禁止泊车
		21'——边泊车, 小于 750 ADT
		28'-两边泊车, 大于 750 ADT
	弗里斯特格罗夫	28'-两边泊车, 如果不超过 16 个独户住房或 20 个多户住房
	格里善	20'-禁止泊车, 大于 150' 或大于 11 DU
	希尔斯伯勒	28'- 30'-两边泊车
	麦克明威尔	26'-两边泊车
	波特兰	26'-两边泊车
		20'——边泊车
	迪盖德	28'——边泊车, < 500 ADT
	托拉丁	32'-两边泊车
	华盛顿县	28'-两边泊车
田纳西	约翰逊	22'-无泊车规则, < 240 ADT
		24'-28'-无泊车规则, 240-1500 ADT
		28'-无泊车规则, > 1500 ADT
佛蒙特	伯灵顿	30'-两边泊车, 华盛顿 Kirland 地区 20'——边泊车
		24'-两边泊车-限用于低密度区
		28'-两边泊车
西弗吉尼亚	摩根镇	22'——边泊车
威斯康星	麦迪逊	27'-两边泊车, 小于 3 DU/AC
		28'-两边泊车, 3-10 DU/AC

资料来源: 改编自 Cohen, 2000。

三、私人领域里的变化

在私有和私营的社区里, 对现有下级分区标准和规则的挑战与修改更加明显。到 1998 年, 美国大约有 20.5 万个邻里联盟, 几乎包括了 420 万居民, 大约占全国居民总数的 15%。现在, 在 50 个最大的都市区, 超过一半的新房是作为邻里联盟的一部分建成的。在加利福尼亚,特别是洛杉矶和圣地亚哥城市地区,这个数字超过了 60%。如果私人开发继续以这个速度发展,它将导致美国从传统的个人产权所有制到拥有大多数民用和商用私有产权的集体所有制一个前所未有的过渡(Treese,1999)。罗伯特·纳尔逊(Robert Nelson,1999a)认为,私人开发和私有产权制日益受到欢迎是由 20 世纪后半期的新经济力量造成的。这些新经济力量包括土地的高成本(由此产生要增大开发密度的动机)、对能更好保持邻里特征的要求、由私人提供公共邻里服务,以及对公共娱乐设施和其他设施的更大兴趣。

在社区内建立一个像邻里联盟这样的法律机构不仅使人们能集体管理邻里公共环境,并使私人能够提供公共服务设施,而且还使邻里建设实际上摆脱了市政府下级分区标准和分区制的限制。大多数城镇在私人或半私人的开发上采取一套不同的更灵活的标准。因为地方政府没有法定的责任,因此也就没有要承担责任的顾虑。开发商可以提出不同的结构和标准,这就带来了经常是富于创新的空间和建筑设计(彩图 23)。

弗吉尼亚的贝尔蒙镇(Belmont)就是这样一个好例子。大约在 1988 年,以规划的单元开发为构思,贝尔蒙的规划方案本来采用了一个曲线型环状道路系统。这是遵照了弗吉尼亚交通部(Virginia Department of Transportation,VDOT)对下级分区道路要求的。同年,劳顿(Loudon)县议会通过了一项有关新型传统邻里设计原理的新提案,以回应这一地区过去 20 年中典型的郊区开发。经过和 VDOT 不成功的长期谈判,开发商取得了住房所有者协会能够私自采用的道路系统的许可。只有三个交叉口和干线公路是按 VDOT 的标准建的;其余的都交给私人建设,并被设计成不同的狭窄的形式(Wells,1993)。

在加州纽波特比奇(Newport Beach)的散可瑞(Sancerre)开发项目中,开发商计划利用空间结构上的创新建设一个净密度达到每英亩 9.4 户的独户家庭居民区。但是,当地规划局在当时的独户家庭小区的规则下不允许这样的改动。通过选择设有门控的私有开发地,开发商得以围绕私有车道安置 4~6 个住宅单元,形成串形私人公寓共管地,而不用明确各个住宅占地的分界线。这样,就最大化地利用了空间。另外,开发商认为,私人公寓共有权的法律规定将会有大好处。作为公寓共管地,每个有 4~6 个住房单元的房屋串都可以作为一块独立地块进行开发。在公寓共管地里,购房者将获得房子的所有权,也将获得公寓共管地划定的房子两旁的院子和后院的所有权。这个概念和排屋所有权相似。购房者很快就理解并接受了它(ULI,1994)。结果就产生了一种占地少且没有房屋占地分界线的庭院社区。它把独户家庭住宅密度推向了极点,为的是满足市场对这种住房的需求。住宅单元大约宽 35 英尺,大多数单元在一面有宽 10~15 英尺的院子。这些院子把住宅单元包裹起来并延伸到宽 15 英尺的后院(彩图 24)。

为了使有限的庭院面积发挥更大的好处,散可瑞的设计者不仅在住宅内,而且还在庭院里安装了大量阳台玻璃窗。各个房间通常都相同,所以在屋里能同时看见两旁的院子和后院。因此,私人空间看起来好像比住房面积所指示的要多一些。与此同时,为了保护边院里的个人隐私,房子在第一层相邻的没有占地分界线的墙上不装镜子,第二层的镜子安在墙上很高的地方。这样的设计既能允许光线的射入,又能防止被邻居看到自家的活动。串型设计的灵活性使空地能被融进建筑群里,或是环绕在建筑群周围。这比传统设计能保证更多空地。

私有开发应该成为改变下级分区标准和规则的催化剂。公共官员应该意识到,目前对私有开发采取不同标准这一情况承认了公共开发应用标准的缺陷,证实了指导变化的东西应该是实际行动和好的设计这一理论。

四、在不牺牲市场吸引力的前提下减少下级分区的空间缺陷——一个理性增长的方法

在 1927 年设计瑞得波恩(Redburn)时,克拉伦斯·斯坦(Clarence Stein)提出了"规划革命"的口号。他对当时服务于汽车的种种实践提出挑战,并提议要对"房屋、道路、小径、花园、公园、街区以及当地邻里之间的关系进行根本修改"(Stein,1951)。斯坦 70 年前对变化的号召在今天同样重要。但是,当我们评价现代郊区的形式时,我们还应当承认主流结构的市场吸引力,并学着以觉察不到的空间变化来修改它。能成就这种空间变化的

方法包括以下几种。

（一）把空地网络作为生态中枢，使其与现存系统相连

空地系统经常是在剩余地上发展起来的。开发商可以利用民用空间来满足空地所占开发比例的要求。能作为空地的民用空间包括开发地的外围空间、高速公路的边缘或与另一个小区相连的地方、非常陡的斜坡等。空地和自然走廊应该在开发地被划分成小块、公路被设置之前规定好。河边系统、湿地、山脊和易受影响的环境特征应被保护，并应作为一个完整的部分融入开发。占用了生态系统的路面排水和回收设施应当被纳入空地系统。这种系统虽然更复杂，但从长远来看也更经济。这种系统有多种用途，提供了像娱乐和与野生动植物接触的更多好处，同时也能更好地渗透暴风雨水和地表污水（彩图 25）。

（二）把住宅单元串联或安置在能适应未来发展的公共场地周围，并把它和空地的总系统结合起来

传统的 U 型死胡同具有的市场吸引力可以被用在开发可管理的小型密集社区上（Ben-Joseph,1995a）。串型设计的灵活性使我们能把空地融进建筑群里或是环绕在它周围。这就比传统设计能提供更多空地。它还通过机动车和行人道路系统，使住宅单元更紧凑地集合在公共场地周围。

（三）设计灵活的场地形状和结构

现场施工、基础设施和住房的标准化使长方形场地成为典型。背离标准将会带来更大灵活性，并将带来更多适合地形及生态环境的设计机会。

（四）密度最多提高 30%

把密度提高 30% 几乎是好的设计的同义词，特别是当它与前面的原则相结合时。当一项开发能增加更多住宅单元但不会对一个独立的郊区设计想要的典型特征造成危害时，此开发就保持了它对购房者的吸引力，同时降低了成本并提供了有效的土地利用形式。

（五）减少道路的路权并抑制交通

过多的要求宽街道和大车道的道路标准会对社会经济有重要影响。它们对土地使用造成浪费,提高了住房成本,影响了居民的生活环境。过去40年内,交通工程院（ITE）制定的居民小区道路的路权宽度一直保持在50～60英尺（Southworth and Ben-Joseph ,1997）。交通工程院制定的路权宽度是不合理的,特别是在几乎没有交通的地方级道路上。行人和残疾人能够轻松对付宽仅26英尺的狭窄道路以及成直角的狭窄街角。因为狭窄的道路能迫使开车的人减慢速度,它们也更为安全。

通过重新设计公路并使用行人与车辆共享公路的理念来抑制交通,是另一个在居民区鼓励步行和社会活动的手段,并能减少铺砌面积。不带路肩和高于路面的人行道的窄马路减少了不渗水路面的面积,也使机动车放慢了速度（Ben-Joseph,1995b）。

（六）把生活福利设施建在1/4英里的步行半径里

对于从出发点到1/4英里以内的目的地,如果有选择,人们倾向于走路而不是使用其他交通工具。温特曼（Unterman,1990）发现,70%的美国人每日步行500英尺,40%的人每日步行1/5英里。只有10%的人每天步行半英里。巴伯（Barber,1986）也有类似发现,人们典型路途的步行距离在400～1 200英尺之间。把生活福利公共设施,如操场、娱乐和健身设施,集中安置在这样一个距离内是重要的。

（七）使形式和规模多样化

住宅单元的大小、正面的设计、建筑细节、车道以及行人和汽车的入口应该具有多样性。好的建筑设计能够伪装和减轻很多对多单元住宅的负面态度。特别是双户公寓能被设计成符合独户家庭风格的社区。单元面积的更多选择以及购房者能在不同工程阶段买房的灵活性带来了更大的市场可负担能力和更多的买房者（彩图26）。

五、公众对不同选择的理解

城市开发的显著增长引发了对扩张的性质和形式的再度讨论。但是，正当建筑师和规划者制造新的设计和模型时，公众对这些替代选择知道得很少或根本就不知道。为了让外行人充分理解这些变化将怎样影响他们的生活，设计师和规划者需要更好地表达他们预想的变化。虽然制图技术的方式——从二维地图、海图和图表到计算机模型——能使职业技术人员比以往更清楚地解释他们的设计和思想，但行业外很少有人能完全理解或明白居住在这样的空间里会是怎样的。

制图技术的高速发展和互联网带来的简单免费的界面为这种互动提供了独特的平台。这个平台应该提供一个有形的展示。在那里，想象工具与决定过程相结合。这种工具使抽象的环境影响形象化，使人们能看到更多的可互相替代的情景，并能把分析工具、相关媒体和认知信息结合起来。可见交互代码(Visual Interactive Code，简称 VIC)是这种工具的原型之一①，它是在宾西法尼亚州立大学开发的。这个以计算机为基础的系统使地方政府能使用照片、图示和地图把土地利用规则和规划数据转变成以视觉为基础的格式。通过简单迷人的图像界面，利用互相联系并能互相转换的图片和数据，地方政府能展示不同条例的不同后果。只需轻点鼠标，终端用户就可以看到不同开发项目的不同设计、密度、路宽和车道大小，以及相关先例（彩图 27）。

设计师和规划者需要解决公众对土地利用和下级分区规则形象化的困难。容易获得的制图工具以及新近发展的结合了数字化和物质化信息的计算机界面，能把各种各样的选择引荐给社区，并帮助他们形象化这些选择的

---

① VIC 和它的早期应用 PA BLUEPRINTS(Best Land Use Principles & Results, Interactively Shown 的缩写，即"最佳土地利用原则和后果，交互式地表现出来")的 CD 可从宾西法尼亚州立大学大学公园(University Park)校区的景观建筑系获得。也可以在网上获得：http://www.vic-group.com/。其他规划形象化工具可以在以下网站查看：http://yerkes.mit.edu/DOT/TitlePage/Title.html 和 http://web.mit.edu/ebj/www/research.html。

后果。这种公共教学努力给单调的下级分区的空间性质的多样化带来了希望（彩图 28）。

参考文献

Barber, Gerald . 1986. Aggregate characteristics of urban travel. In *Geography of urban transportation*. Susan Hanson, ed. New York, NY: Guilford Press.

Ben-Joseph, Eran. 1995a. *Livability and safety of suburban street patterns : A comparative study*. Working paper 641. Berkeley, CA: Berkeley Institute of Urban and Regional Development and University of California Institute of Transportation Studies.

——. 1995b. Changing the suburban street scene: Adapting of the shared street (Woonerf) concept to the suburban environment. *Journal of the American Planning Association* 61 (4).

Cohen, Alan. 2000. *CNU narrow streets database* at http://www. sonic. net/abcaia/narrow. htm.

Federal Housing Administration (FHA). 1937. *Subdivision standards*. Circular no. 5 (May 1; revised August 15, 1938, and September 1, 1939). Washington, DC: FHA.

——. 1938a. *Planning profitable neighborhoods*, Technical bulletin no. 7. Washington DC: FHA.

——. 1938b. *Principles of land subdivision and street layout*. Washington DC: FHA.

——. 1939. *Subdivision standards*, Circular no. 5. Washington DC: FHA.

——. 1959. *The FHA story in summary*, 1934-1959. Washington DC: FHA.

Lautner, Harold W. 1941. *Subdivision regulation : An analysis of land subdivision control practices*. Chicago, IL: Public Administration Service. Massachusetts Department of Housing and Community Development. 1969. See Housing Appeals Committee website at http://www. state. ma. us/dhcd/components/hac/.

Nelson, Robert. 1999a. Contracting for land use law: Zoning by private contract. In *The fall and rise of freedom of contract*. F. H. Buckley, ed. Durham, NC: Duke University Press.

——. 1999b. Privatizing the neighborhood: A proposal to replace zoning with private collective property rights to existing neighborhoods. *George Mason law review* 827.

Southworth, Michael, and Eran Ben-Joseph. 1997. *Streets and the shaping of towns and cities*. New York, NY: McGraw-Hill.

Stein, Clarence S. 1951. *Toward new towns for America*. Cambridge, MA: MIT Press.

Treese, Clifford. 1999. *Community association factbook*. Alexandria, VA: Community Associations Institute.

Unterman, David. 1990. Accommodating the pedestrian: Adapting towns and neighborhoods for walking and bicycling. In *Personal travel in the US, vol. II, A report of the findings from 1983 – 1984, Nationwide Personal Transportation Survey source control programs*. Washington, DC: U. S. Department of Transportation.

Urban Land Institute (ULI). 1994. Residential prototypes—Sancree, Newport Beach, CA. *ULI Residential Prototype Cases*, vol. 24/15. Washington, DC: ULI.

Weiss, Marc. 1987. *The rise of the community builders : The American real estate industry and urban land planning*. New York, NY: Columbia University Press.

Wells, Martin J. 1993. *Neo-traditional neighborhood development : You can go home again*. Arlington, VA: Wells & Assoc. , Inc.

第八章 理性增长

——法律理论和市场现实

布莱恩·W. 布莱塞尔(Brian W. Blaesser)

只要分区制支持低密度开发而不是高密度社区,开发商就不可能改变他们土地强奸犯的名声。他们正在把一个又一个的农场变成千篇一律的蔓延,就好像是用做甜点的模子刻出来的一样。这就是为什么有的车后缓冲器上的贴纸会印着"要从这个镇搬走吗? 带个开发商一起走吧"的字样。——安德烈斯·杜阿尼(Andres Duany)、伊丽莎白·普莱特—奇伯克(Elizabeth Plater-Zyberk)、杰夫·斯佩克(Jeff Speck):《郊区国家:城市蔓延的诞生,美国梦的没落》。

安德烈斯·杜阿尼、伊丽莎白·普莱特—奇伯克和杰夫·斯佩克太固执于形式决定论了。他们似乎忽略了社会风俗、经济以及已存在的行为模式的重要性。——保罗·戈德伯格(Paul Goldberger):《纽约人》。

从理性增长在全国新闻界获得的关注来看,每个人都知道理性增长的靶子是蔓延。大多数人对蔓延的定义是,拙劣规划的从城市向农村扩张的不连续的低密度居民和商业开发。这种模式的土地利用被认为是土地和自然资源的浪费,并需要昂贵的公共设施服务支持。理性增长是蔓延的现行矫正方法。当然,理性增长不是一个新的概念。它在 20 世纪 70 年代早期就已存在了。当时就有在增长管理方法上的最初努力。当时的增长管理方法被设计成要控制速度、数量、种类、地点和增长质量。现在,我们有了理性增长。

我认为理性增长的本质就是带有态度的增长管理。我用态度这个词是因为我的经历,很多理性增长的支持者有相当极端的看法,他们认为蔓延几乎就是犯罪。用来描述理性增长精神的措词在语气上都很敌对。例如,专门讨论蔓延问题的网站频繁说到"要与蔓延交战"或"逮捕蔓延"。全国新闻界报道了对理性增长的辩论怎么把土地使用法变成了热门专业。现在,致力于控制蔓延的蔓延律师正在迅速增长(El Nasser,2000)。整个争论几乎就像瓶子里的妖怪,一旦放出来就很难再捉进去了。实际上,在新城市规划师和其他与蔓延斗争的人们的热情中,他们有忽视了市场现实的倾向,并经常对什么在理性增长的名义下是合法的作出大量假设。

由于对蔓延的热衷,不喜欢蔓延的人们的看法没有得到足够的重视。例如,经常被奉为理性增长的模范的俄勒冈州州长坦诚地说过:"俄勒冈人不喜欢蔓延,但是他们也不喜欢高密度。"[①]在美国主要大都市的最近一次民意调查证明,很大比例的美国公众对蔓延疗法有与俄勒冈人相同的正反并存的感情。这个由民事新闻 Pew 中心(the Pew Center for Civic Journalism)作的调查发现,52% 的回答者认为"地方政府应当继续在其管辖地区为增长和新开发作准备"。40%的表示"地方政府应当试图限制不发达地区的增长,鼓励建成区的增长"。[②]

用来控制速度、数量、类型、地点和增长质量的理性增长提案可能会太偏激,又或者是为了使用理性增长这个术语,理性增长会"太理性",以至于有一些触犯宪法。如果我们要想使增长管理的结果真正反映理性增长所指的理性,理性增长辩论中的每一个人都应很好地了解市场现实和宪法限制。本章的目的是要详细说明一些市场现实并简要论述一些宪法限制。这些市场现实和宪法限制应能告知政府要引荐理性增长政策和方法。

---

① 俄勒冈州州长的州情报告(1999)。

② 《美国人实话实说,2000》由民事新闻 Pew 中心编写(18%的回答者提到与增长和犯罪有关的问题)。文章可在网上获得(www. pewcenter. org)。

在讨论理性增长政策和方法的一些法律含义前,让我们先按顺序讨论一下对蔓延和市场的一些更深入的评价、增长管理的意义以及理性增长这一术语的潜在问题。

一、蔓延和增长的很多面孔

正如上面说到的,蔓延在本质上是无限制且不连续的从城市向农村扩张的低密度居民和商业开发。这种土地使用形式,除了被看成是资源浪费并需要昂贵的服务,还被有些人认为是在外形上也不吸引人。但对其他人来说,蔓延的面孔并不太糟。毕竟,在很多方面,蔓延是美国财富的产品,人们得以拥有低密度的居住环境。这种居住环境使房产人能"借用"并享受周围的空地。在蔓延中,可负担得起的住房与工作地点的距离也还算合理。正如那句谚语所说:"够格开车才开车。"相对容易的每日通勤和购物也使郊区蔓延迷住了很多家庭。

(一) 理性增长的委婉性

应该承认,理性增长其实是一个委婉说法,辩论中的各方都可以使用。所以,辩论者能够说他们不支持蔓延,并给他们的各种观点安上理性增长这个吸引人的标签。理性增长还掩盖了两种利益间的基本矛盾。这两种利益是,什么对一个大都市地区整体来说会是好的,什么对一个独立地点来说常常是好的。当然,我指的是为减缓发展而采取了特别控制的美国 Ramapos 地区,和其他一些没有考虑它们的行为对区域增长和基础设施要求的影响就采用了城市增长边界的社区。[①]

(二) 另一个委婉说法——可持续发展

1999 年,可持续发展法案被引进到马萨诸塞州立法机关。在被提议的

---

① 格尔登(Golden)对 Ramapo 规划局案, 285 N. E. 2d 291(N. Y. 1972)(支持开发时间限制)。从 Ramapo 工程的区域意义的批评角度对这一案例的讨论,见博塞尔曼(Bosselman,1975)。由地方城市增长边界产生的问题在全国工业和办公财产协会中有所讨论(1999)。

立法里,可持续发展被广泛地定义为:开发要被有目的地设计成能带来有效、安全、健康、繁荣和适于居住的社区(地方、区域和州),同时能保持并改善环境以及自然资源主体和自然生态系统中正在运行的功能。这些功能是维持当代和未来几代生活的基础。[①] 与此同时,被提议的立法,以通告的形式把蔓延定义成"无管理的不可持续发展"[②],并授权给马萨诸塞的区域规划处(Regional Planning Agencies,RPAs),对地方规划作可持续性检查。被提议的法案规定,在检验一个规划是否可持续时,RPA 必须遵循三条标准。①规划要能带来安全、健康、繁荣和适合居住的社区,同时能保持并改善环境以及自然资源主体和自然生态系统正在运行功能。这些功能是维持当代和未来几代生活的基础。②规划要和已批准的毗邻市政当局的规划和相关的区域规划(如果采用了)相兼容。③市政当局有适当的土地使用条例能使规划被实施。[③]

这些标准的根本缺陷是,它们太模糊了,所以 RPA 可以作出多种解释。这些标准完全不足以指导 RPA 来决定一个镇是否能获得州政府补偿金。州政府补偿金是给可持续的城镇规划和适应了土地利用条例的规划设立的。问题源于可持续发展这个术语本身。人们对它的通常理解是,我们现在这一代人在作社区规划和土地开发时,应该采用不会危及未来几代人需求的方式。但是,像理性增长和可持续发展这些术语,对每个人、每个邻里、每个社区都具体指各种各样不同的日程。正如美国规划协会(1996,7)所说的:"对一些人来说,可持续性可以通过住在拥挤的社区、使用公共交通、节省能源使用,以及回收废品来实现。对其他人来说,可持续性是这样一个情景假想:人们拥挤地居住在以有机农场为中心的有极强社区感的小社区,四周环绕着宽阔的空地。还有一些人感到,由于全球人口增长和有关的环境破坏带来的制约,地方不可能达到真正的可持续性。"在发展中实现持续性这一目标是值得称赞的。但是,正如被提议的马萨诸塞立法说明的,把这个目标转换成能真正实现持续性的土地使用和开发的标准及规则是不

---

① 可持续发展法案(1999),第二节(a)(16)。
② 同上,第二节(a)(12)。
③ 同上,第二节(d)(2)。

容易的。[①]

(三) 理性增长和宪法——它们之间有冲突吗?

答案当然是,很显然它们之间有发生冲突的可能,而且理性增长政策和宪法下的法律保护之间总有紧张感。如果我们再看看前面所述的增长管理至关重要的因素(即控制速度、数量、地点和增长或发展的质量),我认为,最易受到宪法挑战的规章制度和方法是那些想要控制,而不是影响增长速度、数量、地点和增长质量的条例,尤其是那些试图控制数量、地点和发展质量的条例。下面我来谈谈这些有调控的领域。

二、理性增长提案所暗示的宪法原则和教条

当它试图控制而不是影响速度、数量、地点和增长质量时,理性增长提案潜在地涉及四条宪法原则和教条。它们是:① 第五修正案的征地条款;② 第十四修正案的实质应得庭审条款;③ 由于模糊而无效的教条——也是从第十四修正案的实质应得庭审条款衍生出来的;④ 自由搬迁的权利。

我将简单定义一下这些宪法原则和教条,然后把它们应用在旨在控制数量、地点和增长质量的理性增长规则上。

(一) 第五修正案征地条款

大多数人一致认为,如果不是全部,很多理性增长政策的目标是合理的。换句话说,如果理性增长指的是保护环境易被破坏的地区、保护城市中心外真正的农业地区、鼓励基础设施已经存在的地方的土地利用,以及鼓励再开发或是对城区的没落地区重建,这些实际上是合法的政府利益。这很重要,因为美国最高法院在阿金斯(Agins)案里对第五修正案的征地检验的讨论告诉我们,如果一项限制土地利用的规定没能"充分地提高合理的公

---

① 尽管可持续性也许是实施起来渺茫的规划目标最显然的例子之一,毫无疑问其他全州范围规划模型的目标由于相同的原因,也很难被转换成有意义的土地使用和开发的标准及规则。

共利益，土地就算作被征收"①。最高法院对后来的诺兰(Nollan)案和多兰(Dolan)案的判决加强并发展了征地检验。诺兰案告诉我们，政府通过土地使用规则获得的合理公共利益必须要与任何这些规则给出的开发条件有"实质关系"。② 在诺兰案里，加州沿海委员会不能证明其所声称的在私有房子前保留公共通行权与保护房子后面的海洋景色这一目标有实质关系。不同于诺兰案，如果可以证明某规则能保护环境易受改变的地区、保护农村地区、鼓励已有基础设施的地方的增长，大多数理性增长的规则将会通过实质关系的检验。

尽管如此，若一个社区没能适当地为实施增长管理政策设计一些控制手段，它可能会与实质关系检验相抵触。例如，影响费是一个为了保证新开发能有相应的基础设施的普遍增长管理工具，它是使新增长支付基础设施的普遍手段。在没有影响费立法的州，一些社区将采用影响费条例。除了缺乏权威性，这个影响费条例从宪法的角度来说也不完善。因为它允许把收取的费用投入到一般收入基金，而不是专用于资助基础设施改善的专项基金，而后者才是征收这项费用的本来目的。在这种情况下，当政府所标榜的收费目的是在某一地区资助新建公路时，收费实际的去向有可能是作为一般政府收入来支付城市部门的运营成本。它们之间不存在实质关系。

即使假设理性增长的规则通过了实质关系的检验，多兰案进行了另一个检验来处理诺兰案没有处理的事宜，即"收费额和开发提议预计的影响大小之间的关系③"。在多兰案中制定的检验的第二项是"粗略比例性"。它指的是，地方政府必须依情况制定收费标准，使其在本质上和程度上与开发提议的预期影响有关。④ 这个检验意味着，如果某些条件是地方政府基于对某个开发项目有可能会对现存资源产生的影响的猜测和假定制定的，它们就不能在宪法上被证明是正当的。换句话说，理性增长规则必须量化预期影响，并且只限定与这些影响成粗略比例的条件。正如下面的一些例子

---

① 阿金斯对迪布隆市政(City of Tiburon)案，447 U. S. 255 (1980)。
② 诺兰对加州沿海委员会(California Coastal Commission)案，483 U. S. 825，837 (1987)。
③ 多兰对迪盖德市政(City of Tigard)案，512 U. S. 374，386(1994)。
④ 同上，391。

所示,通过这个检验有可能不总是轻而易举的。

1. 影响费

1999 年,美国最高法院对蒙特利市政(City of Monterey)对德尔·蒙特·杜内斯(Del Monte Dunes)案的宣判是[1],它没有把粗略比例检验扩展到收费的特殊情形之外。最高法院对收费特殊情形的定义是"以地产的贡献作为是否批准土地利用的条件"[2]。因此,根据联邦宪法的规定,像影响费这样的金钱形式的开发费若能通过多兰案里的粗略比例检验就是合法的。

然而,因为开发费是各州征收的,是否符合宪法的检验会在州管辖区间有很大不同。美国最高法院对开发费联邦宪法检验的声明不妨碍州法院在评估金钱形式的开发费是否符合宪法时,采取会给产权人更多宪法保护的检验,不论这个开发费是按条例征收的还是按具体情况征收的。也就是说,联邦法律只规定了宪法保护的底线;州法院可以并确实采用了以多兰案为基础的粗略比例检验。因此,如果实际收费是以全州范围或全国趋势的概括数据为基础制定的,而不是对某计划工程可能造成的影响做出的个案决定,那么,州法院就可以合理地裁决这项影响费规定违背了多兰案的粗略比例检验。事实上,州法院已经开始对影响费进行诺兰/多兰的双重检验。

例如,俄亥俄州最高法院清楚地表明,在立法规定的征收影响费的条例遇到异议时,是否能运用诺兰/多兰检验。[3] 法院最终决定,联邦对开发费的更细致的检验应该被应用在影响费条例中,解释如下:"尽管影响费并没有像土地使用费或分区法令那样对财产权有威胁,它们之间有相似之处。正如强迫地役权或分区制对土地使用类型的重新划分会阻碍某些想实施的土地利用,不合理的影响费会影响一块地被开发的形式。另外,影响费在形式上与土地使用费比与分区法令更接近。强迫地役权和影响费虽然在土地使用上附加了条件,但都不一定否认土地所有者自己想要的土地使用形式。相反,分区法令可能会改变土地利用的分类,因此,可能会阻碍土地所有者

---

① 蒙特利市政(City of Monterey)对德尔·蒙特·杜内斯案,526 U. S. 687 (1999)。

② 同上,702。

③ 住房建设者协会(Homebuilders Association of Dayton)和迈阿密谷(The Miami Valley)对海狸溪市政(City of Beavercreek)案,729 N. E. 2d 349 (俄亥俄,2000)。

想要的利用方式。……双重理性关系检验是以诺兰案和多兰案以及霍利伍德公司为基础的……我们认为,在避免强加不必要限制的情况下,双重理性关系检验平衡了地方政府和房地产开发上的利益。审判法庭采用了这个检验。当征地条款受到争议时,双重理性关系检验也是我们用来评估一个影响费条例是否合乎宪法而采取的检验。"[①]

俄亥俄州法庭以霍利伍德公司案为参照反映了这样一个事实:早在诺兰案和多兰案塑造美国对征地法的控制之前,州法院对影响费的诉讼就已产生了宪法检验。这样的诉讼大多发生在佛罗里达州,并导致了被俄亥俄州法院恰当地称为"双重理性关系检验"的检验。[②]

双重理性关系检验有两方面。第一个方面要求新开发和为其所需的改善而征收的费用之间应有确定的关系。要想满足这个方面,这个关系必须是实质的,并要把新开发和它需要的改善理性而且直接地联系起来。第二方面要求已经被估计需缴纳多少影响费的开发,必须要能从以这笔费用支付的改善中获得实质性的好处。这是大多数有合法授权的影响费的州所采取的宪法检验。最高法院对诺兰案和多兰案的判决巩固了州法院在评估影响费的合法性时对双重理性关系检验的使用。

2. 自然资源的保护

为了保护和增强社区特征,社区正在施加越来越多的资源保护和景观建设的规定。经常被使用的手段包括要求自然资源周围要有缓冲带和增加对受到开发影响的资源的补偿。当所要求的缓冲带和补偿增加超过了保护资源或减少损害所需要的,这类规则就与多兰案的粗略比例要求相抵触了。例如,在德尔·蒙特·杜内斯案被上诉到美国最高法庭前,第九巡回法庭裁决它为一处征地。在那里,出于所称的对物种生活环境有不良影响的原因,分区委员会拒绝了一项开发建议。他们的做法"与开发项目的本质和影响程度都不成比例"[③]。在另一个第八巡回法庭的案例里,法庭宣判对一个下

---

① 住房建设者协会和迈阿密谷对海狸溪市政案,729 N. E. 2d 356(俄亥俄,2000)。

② Hollywood Inc. 对布罗华德(Broward)县案,431 So. 2d 606(Fla. App. 1983)。

③ 德尔·蒙特·杜内斯对蒙特利市政(City of Monterey)案,95 F. 3d 1422,1432(第九巡回法庭 1996)。

级分区开发商给予补偿,因为他被迫支付了与其开发所造成的影响不成比例的用来修建地区性排水系统的资金。①

3. 土地充公

诺兰案和多兰案明确地说明,如果一项规则强迫私人财产专用于公共用途,如一般公众用途的公共使用,那么管理者不仅必须要证明充公怎么能给交费的地产所有人带来好处,而且要能够指出新开发所能造成的明确的不良影响,来证明充公是合理的。

在有些情况下,理性增长规则可能也会否决所有经济效益的土地利用。在这种情况下,卢卡斯案的规则要求补偿。在大多数情况下,这有可能不容易证明。但是,重要的是要认识到,卢卡斯案中包含的原则对那些在土地所有者购买了土地后才生效的理性增长提案,或是在土地被分成了几块地,每块地依照州内法律分别征税后才生效的理性增长提案提出了问题。卢卡斯案的法庭宣判到,为了能控制所谓的由开发带来的公害又不用对征收土地负法律责任,政府必须要"明确公害的背景原则和财产法对哪些土地利用企图有限制"②。斯卡利亚(Scalia)法官说到,把土地投入到有建设性的用途中,例如住房建设,不能被认为是公害。他还说,"习惯法原则看起来好像不能阻止在卢卡斯的土地上有任何居民住宅或是有建设性的改进"③。一些法庭判决证明了这些卢卡斯原则的应用。

在密歇根州的一个案件里④,法庭的判决是,有关湿地和公共资源保护的一般立法声明,不能依据州法的背景原则把设在湿地里的工程裁决成公害。在一个联邦政府征收土地的庭审案中⑤,因为在小块独立地皮上的开发被禁止,原告在对依据《水洁净法令》而不被授予湿地开发许可的诉讼中成功获得了赔偿。

除了卢卡斯案中与评估理性增长规则相关的原则,美国最高法院还在

---

① 克利斯托夫湖开发公司对圣路易斯县案。35 F. 3d 1269(第八巡回法庭 1994)。

② 卢卡斯对南卡沿海委员会案,505 U. S. 1003(1992)。

③ 同上,1031。

④ K&K 建筑公司对自然资源部案,551 N. W. 2d 413(Mich. App. 1996)。

⑤ 鲍尔斯(Bowles)对美国政府案,31 Fed. cl. 37(1994)。

Penn Central 案件的裁决中用过的"特定事实检验"。在这个检验里,法庭调查了以下几个因素:①政府行为的特征;②规则对地产所有人的经济影响;③规则对地产所有人"投资期望"的影响程度。[1] 举个例子,在佛罗里达罗克(Rock)工业公司对美国政府的案件中[2],法庭陈述道:"除非政府剥夺了土地的绝对所有权,第五修正案是根本不能使法庭把它判成征地的。"卢卡斯案的法庭还清楚地说明了这种情况,即当由于土地利用法规的限制,土地没有任何利用价值但并没有完全被征收时,法院可以判决适当的赔偿。[3]

美国最高法院最近在帕拉佐洛(Palazzolo)案[4]中所作的土地利用决定,为能根据所谓的成熟教条的最终性要求来裁决无用的抗议增加了一些实用性。成熟教条是美国最高法院为了回应对调控性征地的索赔而制定的。这个教条要求法庭查明地方政府对把它的管理规则应用到某一块地产的决定是否是最终决定,这样法庭才能恰当地评估这个规则是否太过分,依照第五修正案是否构成一项征地。[5]为了能实现这个宪法上的决议,地方政府的决定必须要足够的确凿,这样法庭才能知道"经允许的开发的范围"[6]。

为了能使地方政府的决定足够确凿,最终性要求要求地产所有人已经对开发提出了申请,并已经收到了地方政府对申请的决定。并且,如果有必要,要寻找与提议的工程类似的并已获得批准的工程。这样才有可能克服地方政府对工程的反对。地产所有人也许还需要再次对提议的开发项目进行申请,除非他相信这种再申请是无用的——无用抗议。

由肯尼迪(Kennedy)法官撰写的帕拉佐洛案第5—4判决涉及了正在进行的征地辩论中的两个关键论点:①控制土地利用的决定是什么时候成为最终决定的,并能满足成熟教条;②当限制性条例的制定早于土地所有人

---

① Penn Central 运输公司对纽约市政案,438 U. S. 104(1978)。

② 佛罗里达罗克(Rock)工业公司对美国政府案,18 F. 3d 1560(Fed. Cir. 1994)。

③ 卢卡斯对南卡沿海委员会案,505 U. S. 1019 n. 8。

④ 帕拉佐洛(Palazzolo)对罗得岛等案,533 U. S. 606(2001)。

⑤ 威廉森(Williamson)县区域规划委员会对汉密尔顿(Hamilton)银行案,473 U. S. 172(1985)。

⑥ 麦克唐纳(MacDonald)、萨默(Sommer)和弗拉特斯(Frates)对尤罗(Yolo)县案,477 U. S. 340(1986)。

对土地的所有时,对调控性征地的索赔是否自动被取消。第二个论点与前面讨论的资源保护条例事宜尤其有关。

1959 年,为了能在沿着 Westerly 罗得岛镇的海岸线占地约 22 英亩的三块相连的未开发的土地上投资,帕拉佐洛和他的合伙人成立了海岸花园公司(SGI)。这片土地中有 18 英亩是盐沼,易受潮水泛滥。这块地需要在一些地方填充六英尺才能在上面修建有用的建筑物。SGI 把整片土地又分成了 80 块。1960 年,帕拉佐洛成了 SGI 的唯一股东。到了 1969 年,经过各种土地交易,SGI 还剩 74 块地,大概共有 20 英亩。

从 1962 年开始,帕拉佐洛着手要开发这片土地,并向罗得岛海港和河流部(DHR)递交了申请,想从相邻的 Winnapaug 池塘挖泥来填补整片土地。申请以缺乏重要信息为由被拒绝了。在 1963 年,帕拉佐洛又递交了一份申请。1966 年,当第二份申请还是悬而未决时,帕拉佐洛递交了第三份申请,申请要求填补土地,为的是能在上面建一个私人海滩俱乐部。1971 年,DHR 批准了第二个和第三个申请,允许帕拉佐洛或者建一个防水壁并填补沼泽,或者建一个海滩设施。但是,七个月后,DHR 撤回了批准,帕拉佐洛没有上诉。

与此同时,两个重要的事件发生了。第一个是,1971 年,罗得岛成立了沿海资源管理理事会(CRMC),内部设有管理沿海湿地的权威机构。1977 年,CRMC 公布了未经 CRMC 特例许可禁止填充海边湿地的条例。第二个是,1978 年,由于没有缴纳企业所得税,SGI 的经营执照被没收,土地的产权依法转给了帕拉佐洛。

1983 年,作为现在的地产所有人的帕拉佐洛,向 CRMC 提出了一个和 1962 年的申请类似的申请,要求允许修建一个防水壁并填补整个盐沼。申请被拒绝了,帕拉佐洛仍没有上诉。1985 年,他再次向 CRMC 提出了申请,这次的申请与 1966 年的相似,旨在修建一个私人海滩俱乐部。具体地说就是要用砂石填地 11 英亩来容纳"50 辆带汽艇拖车的车、一个垃圾站、移动厕所、野餐餐桌、混凝土制的烤肉坑以及垃圾箱"[①]。由于不符合规定下

---

① 帕拉佐洛对罗得岛等案,533 U. S. 615。

的"吸引人的公共目的"这一标准,这个申请再次被 CRMC 拒绝了。

这次,帕拉佐洛上诉了,进行了反驳行动,并以 74 块地皮的估价为基础索要 315 万美元的损失。但他在审判中输了。罗得岛最高法院是以下三条依据作出的判决:①帕拉佐洛没有满足成熟教条的最终性要求,因此它的情况不构成征地索赔;②1978 年依法成为土地产权人的帕拉佐洛无权质疑 1978 年以前的规章制度;③帕拉佐洛没有被剥夺进行所有有经济价值的土地利用的权利,因为他所有的地产的高地那一部分有 20 万美元开发价值。这是一个不争的事实。①

美国最高法院不同意罗得岛最高法院的宣判。具体不同意的就是,帕拉佐洛的征地索赔不成立,和他因为 1978 年的限制条例早于他对产权的继任而被禁止对征地要求赔偿。美国最高法院同意罗得岛最高法院的第三条判决,因为地势高的那一部分仍然有开发价值。但是此案被打回了罗得岛法院,为的是能让罗得岛法院依据 Penn Central 案②中的多因素征地检验对帕拉佐洛的索赔进行考虑。罗得岛法院在前次审理中没有进行全面的多因素征地检验就禁止了帕拉佐洛的征地索赔。③

美国最高法院从 CRMC 用以拒绝帕拉佐洛各种申请的规章制度的解释、简令和双方律师公正的陈述中总结道,很显然,州政府不想允许任何湿地填充或任何含有大量建筑物或改进的土地利用:"不能为任何普通用途填地……不能为它自己的好处填地;不能为一个海滩俱乐部填地,不管是简朴的还是高档的;不能为一个下级分区填地;不能为任何可能的或可预见的用途填。湿地若不填补,就不能在上面建筑和开发。今后的许可申请不一定要建立这一点。"④

美国最高法院谈到的第二个问题是,当严格条例的制定早于所有人对地产的拥有时,对调控性禁止土地利用的索赔是否自动无效。有利于这个判决的论据是,由于财产权是由州政府制定的,新立法塑造并定义了财产权

---

① 帕拉佐洛对罗得岛等案,533 U. S. 616。
② Penn Central 运输公司对纽约市政案,438 U. S. 104,123-25(1978)。
③ 帕拉佐洛对罗得岛等案,533 U. S. 615 和 632。
④ 同上,621。

和合理的投资预期。所以,在立法制定之后获得产权的人已被告知其使用权是有限制的,且不能索取对损失的财产价值的赔偿。

在帕拉佐洛依法成为产权人时,湿地管理条例已经出台了。因此,在条例制定后才获得土地是罗得岛最高法院宣判帕拉佐洛案仿照卢卡斯案和 Penn Central 案索要的征地索赔不予受理的决定性原因。美国最高法院驳回了这个判决,理由是这样一个"单一的、不加以区分的规定"将会"解除州政府为任何限制土地利用行为辩护的义务,不论怎么极端或不合理"。这样一个规定实质上将允许州政府"给征地条款加一个过期日期"[①]。

美国最高法院参照了先前它在诺兰案里的判决[②],推翻了加州沿海委员会对海滨土地所有者必须对外提供通向周边海滩的通路作为条件才能获得开发批准的要求。在诺兰案里,大多数人认为,"如果沿海委员会不补贴土地通行权的所有人,就不能剥夺他们在上面建附属建筑物的权利。这些前所有人必须被看成是在土地转让中把他们的整个产权都给让渡了"[③]。

帕拉佐洛案里的不同观点是,诺兰案已经被卢卡斯案的判决所限制[④]。美国最高法院已经在卢卡斯案上警告过,土地所有人在政府对所有有经济效益的土地利用剥夺中的恢复能力受到了"那些已经强加到土地所有权上的针对财产和公害的州法背景和原则的制约"[⑤]。但是最高法院在帕拉佐洛案上反驳了这个主张,即任何新的规则一旦实施就变成财产法的背景原则,从而不能被后来发生的产权拥有所质疑。

并没有试图定义"什么时候一项立法制定能被看成是州法的背景原则的确切情况或这种情况是否存在",美国最高法院宣判到卢卡斯案没有否定它对诺兰案的判决,"决定现行的、一般法律是否能限制地产所有有经济效益的利用的因素必须是客观的,例如,被禁止的土地利用的特征"[⑥]。

美国最高法院对帕拉佐洛案的宣判阐明了它后来的一些观点,特别是

---

① 帕拉佐洛对罗得岛等案,533 U. S. 626-627。
② 诺兰对加州沿海委员会(California Coastal Commission)案, 483 U. S. 825 (1987)。
③ 同上,834,n. 2。
④ 卢卡斯对南卡沿海委员会案,505 U. S. 1003(1992)。
⑤ 同上,1029。
⑥ 帕拉佐洛对罗得岛等案,533 U. S. 629-630。

有关决定一项立法制定是否能成为产权法的背景原则的"客观因素"。最后,它在成熟终结要求下为"什么时候足够才是足够"的决定中在某种程度上增加了一些实用的指导方法。这体现在它判决到当政府对它的规章制度的解释清楚地表明它将允许某处的开发时,许可申请人无需作出毫无疑义的申请。

4. 开发延缓

社区经常使用的旨在实施增长管理的措施之一是强加一个"规划暂停",或被称作是延缓,在此期间社区对它想在那个地理区域做些什么变得有理性。美国最高法院在 First English 案①里清楚地表明,不能仅仅因为政府的土地利用限制是临时的就排除了作为解决方法的补偿。如果临时限制十分难以承受,它就算作是征地——"与永久征地在性质上没有不同,而宪法清楚地要求永久征地要有补偿"②。当然,最高法院的陈述没有真正告诉我们什么时候临时限制会成为一项征地。③ 但是,一些案例具有指导意义。例如,在科恩(Corn)对 Lauderdale Lakes 市政案里④,土地所有人提议要在一块分区为仓储的地皮上建一个有 900 个单元的小型仓库。市政府因为分区的变化和一个延缓开发的制定否决了这项提议。很明显,这个延缓的制定是有意要阻止这项工程,并不完全反映了公共利益。法庭决定:"延缓看起来不过是马后炮似的对合理化的尝试。简而言之,城市理事会仅是被要阻碍科恩计划的不合理愿望所驱使。"⑤

市政当局常常声称,能强加开发延缓的权力是能控制土地利用权力的

---

① Glendale 的 First English 福音路德教会对洛杉矶县案,482 U. S. 304(1987)。

② 同上,318。

③ 令很多从业者和评论家惊讶的是,美国第九巡回上诉法庭最近区别了一个开发延缓和 First English 案里那种临时征地。在 Tahoe-Sierra 保护理事会对 Tahoe 区域规划局案里,216 F. 3d 764,reh'g denied,228 F. 2d 998,cert. granted,121 S. Cr. 2589(2001),第九巡回法庭的判决是,临时开发延缓永远不应被认为是卢卡斯案裁决里的那种征地。这个判决在我看来好像是回避什么时候一个随时间不断延长的延缓事实上就构成了政府决策上的"非常延期"的问题实质。第九巡回法庭的裁决有效地防止了土地所有人因拖延的开发暂停而无法有经济效益地利用土地而追求 First English 案里裁定的赔偿。

④ 771 F. Supp. 1557(S. D. Fla 1991)。

⑤ 同上,1569。

必要工具,控制土地利用是一个合理的政府目的。然而,宾西法尼亚州最高法院最近的一个裁决断然否决了这个主张。①在它的案件中,镇政府在修改总体规划的进程中暂停了某些类型的下级分区土地和土地开发批准。镇政府没有明确的法定权力能实施这样的暂停。它这样做是依靠着被含蓄地授予了这种权力或是法令授予的市政分区权力附带着这种权力的前提。

宾西法尼亚州最高法院在内勒(Naylor)案中判决到,"不管出于何种目的,实施分区法令的权力不一定包括对土地所有人有偏见而暂缓一个正当分区条例的权力"。法庭继续宣判"暂缓土地开发的权力"是一个"区别于而且不附属于任何调控土地开发权力"的权力。没有明确的立法授权,它将不被许可。②这项判决的理由有重大意义,因为它强调了由明确的立法为地方政府采取开发延期建立权威的重要性,以及对什么是延期的合理目的下了定义的重要性。这就限制了市政当局在增长管理的掩护下使用延期作为以任意目的为由的马后炮似的合理化的潜在可能,就好像发生在科恩案中的。

（二）第十四修正案的实质应得庭审条款

正如最初构思的,分区理应要求使用非常少的判断力。记住这一点很重要。分区是要作为一个自我管理的土地利用分配系统,即有事先规定的土地利用分类和规则的系统。在这些分类和规则下,只有某些困难的情况将需要行政(变更)或立法(分区修正)行动来解决。这个最初前提是被要避免土地市场上立法或行政干涉的愿望所驱使的(Krasnowiecki,1970;Kmiec,1982)。换句话说,对财产权的关注和使土地市场上私人参与者生产力最大化的目标是分区制的创始人设计了一个"依规则分区"的土地利用控制系统。

分区制和土地利用控制很少能保持忠实于原有的以产权为基础的概念。地方政府在对管理增长、保护自然资源、保留社区特征、提供基础设施

---

① 内勒对 Hellam 镇案,773 A. 2d 770(Pa. 2001)。

② 同上,774。

需求以及保护公共设施所尽的努力中,已远远超越了原有的受限制的概念。今天,在处理开发提议时,它们大大依靠自由决定的评估和批准程序。判断力只不过是对看法的行使。在土地利用和开发批准的语境里,判断力指的是由立法或行政主体为了能赋予权力而制定的实质性和程序上的选择。

这些自由决定的评估和批准程序中的一个问题是基本公平。基本公平是应得庭审的核心,是美国宪法第五和第十四修正案的中心原则,并要求公民要被保护不受立法政策波动的影响。[①] 因为开发地产的权利是颇有价值的财产权[②],没能清晰阐明可使用标准的失败使土地所有人处于不确定的状况,并有效剥夺了土地所有人的开发权利。没能在行政管理阶层建立指导判断标准的失败还会冒不公平对待的危险,这是违反了平等保护的原则。

1. 实质应得庭审

当自由决定的决策变得走了样,判断被任意行使时,判断力的滥用就出现了。它可以以实质应得庭审的形式总计为一项宪法违例,在联邦法律下可被控告。实质应得庭审指的是,美国宪法第十四修正案规定,为了防止"没有法律应得庭审就剥夺了某人自由或财产"的任意政府行为,要强加实质性和程序性两种要求。这个应得庭审条款的实质性组成部分禁止"任意的不正当的政府行为,'而忽略了其所采取的程序的公平性'"[③]。

在以要达到增长管理的目的为目的的土地利用管理设计上,常常导致判断力滥用并违反实质应得庭审条款的调控措施是对开发工程影响的调控。这些调控是仍旧恰当的土地使用形式被转变成特定或是有条件的使用,并要接受自由决定的评估。

2. 自动转变成有条件的利用

明尼苏达州的一个案例就是这样一个例子[④]。申请人为了获得一个土地利用形式的许可,证明了其规划遵循了所有分区制法令的要求。然而,地

---

① West Main Assocs. 对 Bellevue 案, 720 P. 2d 782 (Wash. 1986), 引用 The Federalist No. 44, at 301 (J. Madison; J. Cooke, ed. 1961)。

② 劳坦(Louthan)对国王(King)县案, 617 P. 2d 977(Wash, 1980)。

③ 齐内蒙(Zinermon)对伯奇(Burch)案, 494 U. S. 113, 125(1990)[引用 Daniels 对 Williams 案, 474 U. S. 327, 331(1986)]。

④ 蔡斯(Chase)对明尼阿波利斯市政案, 401 N. W. 2d 408(Minn. App. 1987)。

方政府的行政行为试图把允许的土地利用形式转变成有条件的使用,并通过对设计的评估施加条件。在这个案子里,申请人想获得建便利餐厅的批准。这在分区地区被列为准许的利用,服从一定的执行标准。申请遵守了所有对路边、安全标志、照明、景观、停车、视野和建筑外观的规划要求。但是,在公共听证会上,邻里居民表达了这块土地应该作为居民使用而不是商业使用的愿望,并争论到餐馆与这个地区的总体规划不符。经过讨论,提议被认定是不适当的商业化并与总体规划不符,规划委员会投票否决了建设许可。这项否决建立的基础是,规划与下面这个明尼阿波利斯分区制法令规定不符:"建筑外观和建筑功能的规划不能与现有的建筑不同,否则会造成申请人分区地块一定距离之内的地价贬值。"

然而,听证会在这些问题上没有提供有关不同建筑设计或损害地产价值的证据来反驳申请人。在后来由开发商提出的书面诉讼中,市政争辩道,依据法令批准许可的条件把申请的使用重新定性为有条件的,这就使市政决定根据全面利益和规划目标来考虑它。但是,法庭裁定市政不能以这样的方式把准许的土地利用任意转变成有条件的利用。因为申请在各个方面都遵守了分区制法令,就必须授予批准。这是权利问题。[1]

另一个更不能让人容忍的试图大规模地把准许的使用自动转变成有条件使用的立法例子是,为伊利诺伊 DuPage 县市长和管理人员会议准备的模范交通管理条例的建议。条例要控制的是交通影响。它规定:"所有其他有记录的土地开发如果不能归类于规划的单元开发、特殊或有条件使用、分区变更或分区修正,且产生了此条例定义的交通影响,将被认为并在程序上定为特殊或有条件使用。[2]"如果在 DuPage 县地方自治的辖区实施,这种规定肯定会因为违背了应得庭审和一致性[3],违背了分区制授权法的特殊用途规定,并与其他辖区的土地所有权不一致受到抗议。

---

① 蔡斯对明尼阿波利斯市政案,413。

② DuPage 县市政当局模范交通管理条例草案的 3~6 节(1990 年 8 月 8 日)。条例的 3~5 节也自动把产生交通影响的任何下级分区转变成一个规划的单元开发,并要依据处理这种开发的标准和程序。

③ 大多数分区授权法中的一致性规定要求每个分区地区内的规则必须一致,但不同分区地区的规则可以不同。

3. 实质应得庭审和开发延缓

在纽约州的一个案例中[1]，原告 HBP 在县管辖的一个污水排放系统区内拥有一块 6.8 英亩的地，并想把它再分成 15 块地。HBP 从村规划局取得了下级分区的初步批准以及所有开发这些下级分区的县级和州级的必要批准，除了一个 DEC 下水系统主线延伸的许可。尽管县政府已经批准了 HBP 的下水系统设计，但还是否决了这个申请。原因是出于 1986 年州环境保护部实施的一个开发延缓。这个延缓保持有效已经几乎有九年了，使此县无法证明它有足够的工厂容量。第十四修正案的实质应得庭审的保护与这个例子很有关系。HBP 向法庭满意地证明了事实上，污水排放服务的好处对它有可受保护的财产利益，因为它已经支付了一次经特别评估的税款。在证明了它的财产利益后，HBP 宣称 DEC 从来没有要求县政府扩展、升级或替换处理厂或是减小污水流量，县政府也从没有证明其为今后增长有足够排污容量，同时 DEC 还向污水排放系统区以外的市镇提供排污容量。

增长管理工程里的另一个调控手段是依靠设计评估把社区特征作为增长管理政策关心的生活质量的一部分来进行处理。这个手段暗示了由于模糊而无效的教条。

（三）由于模糊而无效的教条

由于模糊而无效的教条是从应得庭审要求中衍生来的，它涉及调控语言在清楚和确定性上的不足。它的目的是要对任意自由决定的法律执行加以限制[2]。当遇到对一条规则由于模糊而无效的抗议时，大多数法庭都会随声附和美国最高法院的观点[3]，即"当具有普通智商的人必须猜测某个条例的意思时，这个条例就太模糊了，从而是违反宪法的"[4]。换句话说，立法

---

[1]　HBP Associates 对马什(Marsh)案，893 F. Supp. 271 (S. D. N. Y. 1995)。

[2]　Burien Bark Supply 对国王县案，725 P. 2d 994，996 (Wash, 1986) (发现了模糊点)引用 State 对 White 案，640 P. 2d 1061 (Wash, 1982)。还请见 Blaesser(2000)。

[3]　布劳德里克(Broadrick) 对俄克拉何马州案，413 U. S. 601 (1973)。

[4]　Union National Bank & Trust v Village of New Lenox，505 N. E. 2d 1，3 (Ill. App. 1987)。

中的应得庭审法要求明确性与确定性。

从法律角度来看,没有任何事比新城市主义更不明确的了(Katz,1993;Duany,Plater-Zyberk and Speck,2000)。新城市主义被吹捧成与城市蔓延搏斗和重返村庄传统——传统的邻里设计——的方法①。新传统主义者批评了传统分区制和下级分区规则的僵化和复杂,而且批评了他们认为的这些规则所导致的结果,即从城区向农村地区扩展的低密度居民和商业开发的郊区模式。

而新传统主义者偏向于通过强调视觉设计原型而不是构造上的标准的设计法规来进行调控。新城市主义对我们现有的土地利用调控规则的观点并不令人吃惊,因为由新传统村庄为代表的土地利用形式在美国早于分区制。新传统社区的设计强调简洁、高密度、为行人提供方便、混合用途的社区,以及小面积的独立家庭住房穿插于多家庭的排房和公寓开发。格子形式的街道比U型死胡同更受欢迎,这样才能促进村庄经历。

新传统主义的法规强调了灵活性而不是精确性。这些法规还经常通过私人契约实施。私人契约必须在买房时被住房所有人所接受。作为一个开发选择,新传统开发显然已经在市场上有了影响。然而,当地方政府试着要把这些私人法规制定成公共法规,并试着要为新传统形式的开发分区或托管新传统形式的开发时,由于模糊而无效的问题和其他一些应得庭审的问题就产生了。杜阿尼(Duany)、普莱特—奇伯克(Plater-Zyberk)和斯佩克(Speck)在他们的《新城市主义的辞典》(1999)一书中把条例描述成从私人法规到法律用语并被地方政府正式采用的转变过程,但实际上没这么简单。新城市主义的设计法规导致了许多已经讨论过的应得庭审的问题。

1. 由于模糊而无效

新传统村庄理应是有与众不同的特色的地方。判断某一土地利用形式在这样的村庄环境里是否和谐,又或者是村庄设计和依赖于视觉帮助和灵活标准的条例是否一致,是高度主观的判定。新传统法规明显的设计重点

---

① "新城市主义"这个术语包含了各种各样的设计理论,其中包括传统邻里发展、新传统发展、以交通为导向的发展、以行人为导向的发展和社区。见西特科夫斯基(Sitkowski,1999)。

实际上是审美规则。这些审美规则常常不符合应得庭审对不连续的和有意义的标准的要求,因此它很有可能违反由于模糊而无效的教条。正如前面所述,这个教条的目的在于限制任意的和自由决定的行为。[①] 开发商必须要了解什么标准将适用。在不同应用里对这些标准的应用一定要保持一致,而且法庭必须要能够足够清楚地评价证据,从而能够判断一个决定是否是任意的。

法庭程序是这一领域主管决策的矫正方法吗?长期被接受的论点是,在主观判定与明确标准不符的情况里,地方政府可以用法庭程序补救。那就是,运用评估程序和发现事实。然而,早在美国最高法院对多兰案宣判之前,专家们就已经注意到越来越多的州法院已捷足先登。它们有所谓的适当委员会和以主观标准为基础的开发评估程序,它们还向更可观的开发标准逐步运动。[②] 如果用来作决定的标准首先是有缺陷的,那么受理上诉的程序也会失效,因为程序所用的标准不足以弥补原有标准的缺陷。换句话说就是,上诉程序不应建立在一套模糊的标准上。[③] 因此,仅仅为新传统设计的评估增添特殊的评估程序是不太可能解决问题的。

2. 点分区和一致性

点分区的教条使地方政府不能把一小块地从不太集约利用的分类重新分成与周围利用不协调的更集约利用的分类。[④] 大多数分区授权法中都能见到的一致性要求要求每个分区地区内的规则必须一致,但不同分区地区的规则可以不同。村庄需要的灵活性设计可以指更集约的土地使用方式。例如,人们一般认为地方邻里的商业土地利用,像在很多居民邻里都能见到的五金商店和家庭杂货店,尽管被看成是非一致的使用,但实际上是和邻里

---

① Burien Bark Supply 对国王县案, 725 P. 2d 994,996(Wash,1986)(发现了模糊点)引用 State 对 White 案, 640 P. 2d 1061(Wash,1982)。

② 见布莱泽(Blaesser)和温斯坦(Weinstein)(1989,22-26)书中 Norman Williams、Orlando Delogu、Clyde Forrest 和 Richard Babcock 的座谈会评论。

③ 安德森(Anderson)对 City of Issaquah(伊萨圭市政)案, 851 P. 2d 744(Wash Ct. App, 1993)在第 8.04[2]节中讨论的。

④ 伯克特(Burkett)对 City of Texarkana(德克萨卡纳市政)案, 500 S. W. 2d 242(Tex. Civ. App, 1973);格里斯沃尔德(Griswold)对霍默市政(City of Homer)案(Alaska,1996)。

相兼容的。但是为了能在新传统村庄里授予类似商业用地而出台的地方政府的分区修正法依据点分区教条则是有争议的。新传统村庄独特的设计还暗示了一致性要求。

点分区和一致性问题不一定不能克服。分区授权法可以被修改成能给予使用灵活性的法规，从而达到新传统村庄的设计要求。但是，若要为了给创新的开发形式搭建规则性舞台而制定这种授权法，就必须有对新开发形式的市场需求。如果没有这种市场需求，就不会有开发商会冒金融风险来追求不同形式的开发。[1]

三、自由搬迁的权利

为了寻找更好的机会而自由搬迁已经成为美国整个国家增长中固有的了。在过去的 200 年中，美国政府一直鼓励遍布全国的搬迁。搬迁并能定居在这个国家任何地方的权利是受宪法的基本旅行权利保护的（美国最高法院发现此权利暗藏在宪法里）。[2]

自由搬迁也意味着自由选择。力求改变增长和发展形式的增长管理政策必须接受这个市场经济情况下的基本前提。增长管理的一些倡导者认为，我们需要增长控制来限制未来发展向外延伸，这样才能迫使人们居住在更密集的市区。但是开发决策不是通过强迫过程制定的，而是市场指示的结果。市场指示是住房所有人、商业、通勤者和购物者对在哪里居住、工作和购物自由作出决定的反映。开发商对消费者和使用者的需求作出回应。增长跟随着需求，并将会继续跟随它。通过教育，消费者可能会朝新的方向

---

[1]　像由 American LIVES, Inc. (1995)进行的问卷调查说明了至少对民用开发来说，这有一个由作好准备为换取空地而接受占地少的住房和成串住房的子女已离开家的人、小家庭、单身汉和老年人组成的新兴市场。他们的需求和全国的一般潮流相吻合，即倾向于占地少的住房和更能接受混合占地面积以及住房类型（例如，排房和独立家庭住房），既是在开发地区内，也是在马路和街区内。

[2]　克兰德尔(Crandall)对内华达州案，73 U. S. （6 Wall) 35 (1867)；爱德华兹(Edwards)对加州案，314 U. S. 160 (1941)；United States 对 格斯特(Guest) 案，383 U. S. 745 (1966)；格里芬(Griffin) 对布雷肯里奇(Breckenridge)案，403 U. S. 88 (1971)。

选择决策,有可能是朝更紧凑的居住形式,但他们是不会被强迫去做的。搬迁的自由是选择的自由。

在曼哈顿下城的世贸大厦被袭击后,面对要鼓励或强迫人们生活在紧凑的城市里这种增长管理的目的,选择在哪里居住和工作的基本自由已经变得更明显了。2001年9月11日以来,很多公司为位于郊区社区的新地点签订了长期的房契。这种商业功能的疏散意味着雇员将随之疏散,加强了发展向城外的延伸。这个现象不排除紧凑形式的开发在郊区的可能性,而且事实上也许对为新工人的涌入而要解决负担得起的住房问题来说是有必要的。尽管主要城市中心面临着新时期的不确定和来自于小镇和郊区的竞争(Kotkin 2001),这并不意味着以简单的二分法,即紧凑的城市形式的好处与向郊区的蔓延相比,来看待增长管理的争论对我们解决现实问题没有太大帮助。现实问题是,郊区是恐怖袭击造成的安全恐慌的市场适应。

简而言之,公司意图要把功能尽可能地分散,这将造成对能适应工人交通需求的横向建造的需求上升。无论郊区从新城市主义者和理性增长的倡导人的观点来看有怎样的问题,这些问题现在必须被看成是它们也含有解决办法的因素——解决9.11事件以来一些事件造成的新居住和工作环境的现实。

(一)控制开发数量、地点和质量的理性增长的努力

试图控制开发的速度、数量、类型、地点和质量的理性增长策略一般分成四种类型的控制(Kelly,1993):①足够公共设施计划(APF),即禁止没有足够公共设施的开发项目;②分阶段增长计划,即决定进行开发的时间;③城市增长界限(UGB)计划,即为城市增长加上限;④增长速度计划,即制定确定的增长速度。

在这些类别里,最易受宪法质疑的调控性策略是那些力求控制而不是影响开发的数量、地点和质量的策略。

（二）对开发数量、地点和质量的控制：城市增长界限

使用像城市增长界限（UGB）这样的空间控制手段控制开发的数量和地点是违背美国传统土地利用调控系统的。UGB 以在美国非典型的方式有效地影响了开发形式的空间排列（Mandelker，1962；1999）。相比之下，英国绿带工程已经存在差不多有半个世纪了。绿带限制了城市的增长，为的是保护农业用地并防止蔓延。但是我们还应牢记，英国没有第五和第十四修正案。在英国的法律系统下，开发权本质上是由政府控制的，这就使得土地开发在本质上更是一种特权。然而在美国，当 UGB 的目标是要保护农业和其他自然资源区域，例如波特兰的 UGB，当某块地已经被再分而在上面的开发被禁止时，依据第五修正案，它就有可能带来征地的诉讼。[①]

美国的城市增长界限在土地市场上已经起到了主要影响，因为它禁止了在开发商传统投资的地方进行开发。实际上，有些人认为城市蔓延的原因是在外围地区投资——按有些人的说法仅仅是投机。但是从开发商的角度来看，这个现象不是投机而是土地投资，绝大部分是由联邦或各州政策诱发的。诱发土地投资的联邦和各州政策包括：①州际高速公路系统的建设以及各州和联邦政府的一般有利于扩展这一系统而不是其他形式的交通系统的交通投资政策；②城市中心严格的土地利用规则使乡村地区的弱调控环境对开发更具吸引力，以及其他优惠评估政策，例如绿带税收和以财产税评估为目的的土地价值低估。另外，可以争论的是，允许第一笔住房抵押和财产税可从需纳税收入中扣除的联邦税收政策更有利于独立住房的所有权，而不是其他能支持城市地区的填补、复兴和再开发的住房类型。那些支持理性增长的人们的论点之一是，市场是不完美的，管理这些不完美的政府干涉是有必要的。但是我想建议，如果没有天生就爱冒险的开发商，就不会有房地产市场。

---

① 鲍斯（Bowes）对 United States 案，31 Fed. Cl. 37（1994）（对依据联邦净水法令而否决湿地开发许可的成功的征地赔偿）。

（三）增长的质量：社区特征和树木保护

依据定向于社区质量和特征的理性增长立法，调控的结果之一是新一代的树木保护条例（Shae，1997）。这些新的树木保护条例的根本前提是所有树木都是公共资源。它的假设是政府可以控制所有公共资源。如果这个假设是真的，那么政府也能控制所有的树木。这是从长在私人土地上的树木是私有财产这一观点到长在私人土地上的树木是社区财产这一认可的巨大转变。

传统上，树木保护条例的范围仅限于公共路权、马路、大街上和公园里的树木保护。当私人拥有的树木死后、生病或对公共安全造成威胁时，这些条例也能管理私人拥有的树木。这类树木条例的法律权威是从损害习惯法①和公安权利中衍生出来的。公安权力是存在于各州的立法权力。它被授权给市政当局来为维护公共秩序和促进公共健康、安全、道德以及其他方面的一般利益制定法律。

出于和减少损害、防止疾病传播或避免对公众的伤害毫不相干的原因，新的各种各样的树木保护条例力求管制私人拥有的树木。解释新的树木法规目的的典型用语是：为了通过吸收空气污染物，通过提供能减少噪音、风和暴风雨不良影响的缓冲带，然后通过维持视觉屏蔽及随之而来的夏季降温作用，来保护大众健康；通过防止腐蚀、沉积和洪水来向公众提供安全；通过向现有和未来的居民提供自然美景和娱乐机会，为城市的一般利益做出有深远意义的贡献。② 基于这些目的陈述，典型的新树木条例要求从土地所有人的土地上每移走一棵树都要在此块地上的其他地方补种一棵类似的树。③ 如果这不可行，条例可能还会要求付费作为社区树木保护基金。有些条例还规定移动、砍伐或严重过度剪除受条例保护的树木即构成公害，并

---

① "损害"这一术语指的是某人的财产使用方式严重地妨碍了他人的财产使用或享受（私害）或是对社区普遍有危害（公害）。

② 密歇根州麦考布（Macomb）县斯特灵亥茨（Sterling Heights）市，条例第 292 号，条款 III，《树木保护》（1991）（原文的重点摘录）。

③ 南卡罗来纳州乔治敦（Georgetown）县的《树木保护规则》，条款 IX，1102 - 1103（规则的提议稿，注明日期为 1999 年 6 月 14 日）。

以犯罪罚款处罚。①另一个典型的树木保护条例规定是禁止土地所有人在开发前或是预料将有开发前移除树木。

如果一个人拥有地产及其绝对使用权,这个产权意味着这个人拥有使用土地的全部无限制的权利,只要他不对他的邻居造成损害。实际上,这个有绝对处理权的所有权一般被认为是广泛地包括对土地进行任何形式的利用,包括砍伐树木(Tiffany,1940)。可以争论的是,通过授权给地方政府来监控并向移除了自家土地上的树木的土地所有人强加罚款,新的树木条例本质上正在使土地所有人的地产使用权降级到终身产权的使用权。土地的终身产权指的是,一个人在他的一生中可以使用土地,终身产权使用权的持有人绝不能在他所拥有的土地上造成损耗——即对土地继承人所负有的责任。实际上,私有土地上的树木砍伐造成的损耗,土地的继承人必须给予补偿。土地的继承人是社区里的人们——现在的和未来的。实际上,地方政府代表整个社区进行的干涉已经造就了有建设性的私有树木间的通路权。

在我看来,这个调控的环境与诺兰案里的情况没有不同,在诺兰案里,加州沿海委员会强加了一个建设性通路权作为授予许可的条件。诺兰案的法庭裁决是沿海委员会可以要求通路权,但它必须付钱。正在美国迅速出现的新一代的树木保护条例没有付钱给它们在私有土地上强加的通路权。它们仅仅假设没有补偿的需要,因为控制私人拥有的树木是一个公共资源。

四、结论

如果我们有对理性增长目标的一致意见,我们当然就有对理性增长的含义的一致意见的缺乏。这种情况部分是因为对什么是蔓延、它的成因是什么,以及发展的理想形式是什么没有一致意见。1973 年,洛克菲勒兄弟基金组织作出没有理想发展形式存在的结论(Reilly,1973)。这一组织认为,最重要的目标是发展的质量,质量是以对人类和自然价值的尊敬为标志

---

① 佛罗里达州杰克森威尔(Jacksonville)市的《景观和树木保护规则》,第 12 部分,第 656 章,第 656 节。1210(对注明日期为 1999 年 7 月 7 日的规则的修正提议)。

的。创造质量比保护它要更难,因为创造要求更多的选择,而且创造的目标与生俱来就是复杂的。在保护中,质量价值被迅速转化为物质形式的理想,而且在很多情况里,这些理想已经存在了,例如一个社区要与它的周边环境相和谐,一个山谷要被保护在荒野里。相反,如果社区或山谷要被开发改变,这就没有令人满意的答案了。人口维持在什么水平才可能有给每个居住者人性最大的关爱呢?人们住得近好还是远好呢?人们走路去上班、开车、使用公共交通工具,或也许是在未来的庞大建筑物里乘电梯上班?在有着不同性情、收入、种族和伦理背景的人中,我们应该力求多少社会联系呢?

"在这些问题上没有一致意见的存在,并且没有一个有可能会很快出现……对可预见的未来,创造并塑造了我们的社区和区域的决策将继续被制定,虽然没有理想的社会或物质外形的发展形式。"(Reilly,1973)

不幸的是,包括新城市主义者在内的很多理性增长的支持者怀着不妥协的热情传达了以下观点——紧凑的城市形式和新传统村庄是唯一负责的发展形式。他们忽视了市场现实、现已存在的行为方式和对美国的发展极其重要的原则——自由选择。他们的观点是不幸的,并把注意力从在我看来更重要的目的上转移开。这个更重要的目的就是洛克菲勒兄弟基金组织指出的发展质量。

质量发展能够通过不同的发展形式达到。这些不同的发展形式在我们日益以科技为基础的经济里向人们提供了需要的选择——如今还有对安全的需要。这些不同的发展形式还可以被设计成和它们周围的环境或是其中一部分的社区相和谐。理性增长和传统邻里开发的规章制度大大依赖于任意决定的土地利用管理来实现它们的目的。可以预见,这样的规则将日益把开发批准和适当的公共设施的决定和影响费计划联系起来,引起这章所讨论的一些法律问题。

第五和第十四修正案对这些和其他潜在的理性增长立法施加了重要的宪法限制。我所讨论的法律原则应该用来保证地方政府的土地利用决策过程能促进有关适当或理想发展形式的综合观点,并保证地方政府在评估开发提议时遵循确定性和一致性。这是理性增长立法想在美国成功的必要因素。

参考文献

Blaesser, Brian W. 2000. *Discretionary land use controls: Avoiding invitations to abuse of discretion, third ed.* Chapter 8. Eagan, MN: West Group.

Blaesser, Brian W. and A. Weinstein, eds. 1989. *Land use and the Constitution.* Chicago, IL: American Planning Association Planners Press.

Bosselman, Fred P. 1975. Town of Ramapo: Binding the world? In *Management and control of growth*, vol. 2. Washington, DC: Urban Land Institute.

Duany, Andres, Elizabeth Plater-Zyberk and Jeff Speck. 1999. Lexicon of the new urbanism. Miami, FL: Duany Plater-Zyberk Architects.

——. 2000. *Surburban nation: The rise of sprawl and the decline of the American dream.* New York, NY: North Point Press.

El Nasser, Haya. 2000. Development spawns hot new legal specialty: Sprawl. *USA today* (February 29).

Goldberger, Paul. 2000. It takes a village: The anti-sprawl doctors make a manifest. *The New Yorker* (March 27): 128.

Katz, Peter. 1993. *The new urbanism: Toward an architecture of community.* New York, NY: McGraw Hill.

Kelly, Eric Damien. 1993. *Planning, growth, and public facilities: A primer for local officials.* Chicago, IL: American Planning Association, Planning Advisory Service Report no. 447.

Kmiec, Douglas. 1982. Deregulating land use: An alternative free enterprise development system. 130 *U. Pa. law review* 28, 50.

Kotkin, Joel. 2001. Cities must change to survive. *Wall street journal* (October 24): A22.

Krasnowiecki, Jan. 1970. The basic system of land use control: Legislative preregulation versus administrative discretion. In *The new zoning: Legal, administrative, and economic concepts and techniques*, vol. 3, N. Marcus and M. Groves, eds. New York, NY: Praeger Publishers.

Krizek, Kevin J. and Joe Power. 1996. *A planner's guide to sustainable development.* Chicago, IL: American Planning Association, Planning Advisory Service, Report No. 467.

Mandelker, David R. 1962. *Green belts and urban growth: English town and country planning in action.* Madison, WI: University of Wisconsin Press.

——. 1999. Managing space to manage growth. 23 *William and Mary environmental law and policy review* (Fall): 801.

National Association of Industrial and Office Properties (NAIOP). 1999. *Growing to greatness: A growth management manual*. Herndon, VA: NAIOP.

Reilly, William K., ed. 1973. The use of land: A citizen's policy guide to urban growth. Rockefeller Brothers Fund task force report. New York, NY: Thomas Y. Crowell, Co.

Shae, Ruthmarie. 1997. A shorter cut to forestation: The constitutionality of local tree ordinances. *State & local news* 20 (4) (summer). American Bar Association.

Sitkowski, Robert. 1999. The new urbanism for municipal lawyers. Paper presented to the International Municipal Lawyers Association. Washington, DC (April 12).

Tiffany, Herbert Thorndike. 1940. *A treatise on the modern law of real property and other interests in land*. Chicago, IL: Callaghan.

第九章　宪法既不禁止也不要求理性增长

叶罗尔德·S. 凯登(Jerold S. Kayden)

美国宪法既没有禁止也没有要求政府来实现理性增长①。在阻碍或促进实现理性增长的不同因素里——政治、制度上的、经济、社会和法律上的——宪法排名很靠后。美国最高法院把联邦宪法解释成给政府在塑造土地利用管理手段上留有极大回旋的余地,甚至如果这些手段在本质上妨碍了私有财产权的行使。表面上,实施理性增长的调控性规章制度尊重了宪法。实际上,远远早于现在的理性增长时代,很多调控手段就已经作为独立手段经受了法律的考验。尽管在每个独立案件中应用的理性增长的调控性手段可以时不时地"很过分",正如法官奥利弗·温德尔·霍姆斯(Oliver Wendell Holmes) 裁决的②,这种可能性不应使一般调控手段在表面上符合宪法这一事实变得模糊。另一方面,联邦宪法中没有任何对政府要力求理性增长的鼓励。

这篇文章首先定义了理性增长及其调控性规章制度,然后阐明了管理这种规章制度的相关宪法结构。最后,文章评述了与宪法结构相反的规章制度,并总结到如果理性地应用,实施手段就能符合宪法的要求。

---

① 这篇文章是有关美国宪法而不是各州法规对实现理性增长的政府努力的影响。多于美国宪法的是,各州法规也有可以被理解成阻止或要求理性增长的某些方面的规定。

② 宾西法尼亚煤炭公司对马洪(Mahon)案,260 U. S. 393,415(1922)。

一、理性增长及其调控制度的定义

经常被置于蔓延(一般由房地产市场依据传统的地方土地利用规则制造的土地开发形式)的反面,理性增长描述了土地开发的一种规范形式。这种规范形式保留了空地,减少了对汽车的依赖,减轻了对新建基础设施的需要,并在其他情况下对所谓的更好的环境、社会和财政结果作出了贡献。马里兰州理性增长工程的目标是全国此类工程宣布的目标中的典型:"在我们失去我们最珍贵的剩余自然资源之前保护它,通过用州内资源支持或计划支持在已有基础设施的地方的开发来支持现存社区和邻里,并要在为支持蔓延所需的基础设施建设的不必要花费上节省纳税人的数百万美元。"[①]理性增长有时包括了一个有利于穷人家庭的可负担得起的住房和工作的重新分配的社会议程(Pollard,2000)。以物质形态的规划术语,紧凑的、高密度的并由现有公共交通和基础设施服务的开发是理性增长。分散的、低密度的、远离公共交通和基础设施的开发则不是。

因为私人房地产市场天生不赞成理性增长,因为传统使用的像分区制和下级分区管理等土地利用规则不仅不批准理性增长,而且可能还会禁止它,有些州政府、区域政府和地方政府已经调整现有的或是采用特殊管理手段来批准或鼓励理性增长。一般情况下,这些手段以能产生理性增长的方式控制着地点、类型、密度、结构、设计、社会经济组成结构、相关的基础设施,以及私人开发的速度。它们涉及开发这里而不是那里,这样而不是那样开发,在那时而不是现在开发,并要把外部负面影响内在化等问题。然而,值得承认的是,理性增长的调控性规章制度不是一个综合的、支配并控制的、全面的总体计划。总体计划要求土地所有人要建造无论什么政府命令建设的。

尽管组成理性增长规章制度的特殊手段的清单不是自我定义的,它包括了许多政府使用的通常手段:

---

① 《理性增长在马里兰》(2001),http://www.op.state.md.us.smargrowth。

• 传统分区制被调整用来在公共交通结点附近鼓励高密度的发展（APA 1998,36）。

• 混合用途分区制鼓励了零售、居民区和小型办公利用在同一建筑里的结合（APA 1998,30-32）。

• 不排他分区制确保负担得起的住房作为新的私人市场价格住房开发的一部分（Morris,2000；Mallach,1984）。

• 串行分区制能允许比传统的单户家庭分区更紧凑的住房单元结构，在一片开发地的其余部分保留空地。[1]

• 农业分区,冲积平原、湿地和生活环境的保护控制,以及其他土地利用和环境法规保护易受影响的土地不遭受不恰当的开发,由此保护空地（Beaumont,1996）。

• 历史保护条例在现有的建成区、市区和主要道路上保护历史标志性建筑和历史特区（Beaumont,1996）。

• 规划的单元开发（Planned Unit Development, PUD）（APA 1998, 43-44）和传统邻里开发（Traditional Neighborhood Development, TND）（Hoke,1994）条例力求在大面积土地上的混合土地利用。

• 城市增长边界助长了建成区内的开发,限制了建成区外的开发。[2]

• 杂税和影响费使土地利用调控性批准以开发商同意提供或支付道路、水利和排污设施、学校、空地,以及其他被提议的开发需要的物质的和社会的基础设施为条件（Frank and Rhodes,1987；Nelson,1988）。

• 足够公共设施和合作规则不给某项开发许可,直到它能证明有足够的公共基础设施和服务来满足被提议的开发的需要（DeGrove,1992）。

• 基础设施禁令,例如像不许占用马路沿或是禁止在水利和排污系统悬挂其他设施这样的法规,有效地控制了开发是否能发生和什么时候发生（Beaumont,1996）。

• 增长上限限制了某一年或是某一时间内的开发许可的数量（Pierce,

---

[1]　马斯·G.L. ch.（Mass. G. L. ch.）40A,第9节；阿伦特（Arendt）（1996,passim）。

[2]　见克纳普（Knaap）和纳尔逊（Nelson）（1992,39-42）；纳尔逊（Nelson）（1994,299,302）；俄勒冈州议院议案100（1973）。

1977)。

• 开发延缓是在政府准备土地利用或基础设施的计划或工程时临时停止土地开发，来保证能有足够的基础设施来服务于预期的增长（Garvin and Leitner,1996）。

二、宪法结构

从理性增长主要是由州政府和地方政府实施的意义上来说,联邦宪法对地方政府建立实现理性增长的权威没有积极作用。[①] 相反,为理性增长管理提供基础的是各州所谓的公安权力,即隶属于州统治权威的前线权威。公安权力允许州政府和地方政府颁布能促进和保护健康、安全、道德和普通福利的规则。当政府要实现理性增长的努力对个人受宪法保护的利益(有些人会说权利)造成不利影响时,联邦宪法就有了一些相关性。简而言之,社会(理解成大多数人)对达到理性增长的尝试从根本上与受宪法保护的选择不一致吗？宪法允许个人决定他们怎样利用他们的财产、与谁合作、怎样表达自己的主意,以及其他种种选择。

在回答这个问题前,让我们先看看联邦宪法对个人权利的保护是否可以被理解成对理性增长规则的"要求"。政治团体已经对诱使蔓延、占地广的郊区分区制进行了挑战,原因是这种郊区分区制不允许理性增长、高密度、负担得起的住房的建设,违反了应得庭审条款和种族少数民族应有平等保护的条款。最高法院一直以来都特别不能接受这些辩论,对试图证明他们实际已经被这种分区制伤害了的政治团体高举起要拿出证据的牌子[②],并要求他们出示地方政府实际上有歧视意图的证据,而不是哪项分区制有歧视后果的证据[③]。各州法规也许有更大作用。在著名的月桂山系列案

[①] 联邦政府起到支持的作用,主要是通过它的环境和交通法规。见凯登(Kayden)(2000b, 445,453 - 65)。

[②] 瓦特(Warth)对塞尔丁(Seldin)案，422 U. S. 490 (1975)。

[③] 阿灵顿亥茨村(Village of Arlington Heights) 对大都市住房开发公司(Metropolitan Housing Development Corp.)案，429 U. S. 252 (1977)。

中,新泽西州最高法院把州法里应得庭审和平等保护部分解释成,要求郊区分区条例允许能适应相关区域内相当一部分低收入家庭需要的住房开发。①

联邦宪法加入到这场争论中主要是在理性增长的规章制度减少、否决、延迟或不利地影响了土地所有人想要开发私有土地的愿望时,并会带来对私有财产在宪法上的权利被不能容忍地破坏的结果。尽管许多宪法条款,例如应得赔偿、应得庭审和平等保护,能够作为挑战这些调控后果的基础,美国最高法院在过去25年里一系列的判决,有效地使相关分析结构消融在第五修正案的应得赔偿条款中。② 这个条款要求,"若没有应得的赔偿,私有土地不能被用来做公共利用"③。它的主要目的是要保证个人不用"肩负公共包袱,公共包袱在所有公平和公正意义上都应由公共整体来承担"④。在它最明显的含义里,这个条款确保了当政府在征用权上行使权力,并为建设新的公路或其他想要的公共设施而实际征用了土地、锁、储备和所有权时,它需给所有人给予赔偿。虽然关于应得赔偿的数目依宪法是否足够,或某块被征用的土地上的利用是否真的是公共用途⑤的争议也许存在,但是对政府权力的基本主张还是被普遍接受的。

然而,当政府控制而不是实际掠夺私有土地时,这项条款的适用性就不

---

① 见南伯灵顿县 NAACP(Southern Burlington County NAACP) 对月桂山镇政府(Township of Mount Laurel)案,67 N. J. 151,336 A. 2d 713,appeal dismissed and cert. denied,423 U. S. 808 (1975)(月桂山系列案里的第一个案例);哈尔(Haar)(1996)、基普(Kirp)、德怀尔(Dwyer)和罗森塔尔(Rosenthal)(1995)。其他州法有可论证地,但不需要,被解释成创造了一个对像理性增长这样的事情可强行的权利的条款。例如,宾州州法,条款 I,第 27 节("人们有权拥有干净的空气、纯净的水和对环境的自然、风景、历史和审美价值的保护")。

② 见以下案例:帕拉佐洛对罗得岛案,533 U. S. 606 (2001);蒙特利市政对 Del Monte Dunes Ltd. 案,526 U. S. 687 (1999);多兰对迪盖德市政案,512 U. S. 374 (1994);卢卡斯对南卡沿海委员会案,505 U. S. 1003 (1992);诺兰对加州沿海委员会案,483 U. S. 825 (1987);First English Evangelical Lutheran Church 对洛杉矶县(County of Los Angeles)案,482 U. S. 304 (1987);阿金斯(Agins)对迪布隆市政案,447 U. S. 255 (1980);Penn Central Transportation Co. 对纽约市政案,438 U. S. 104 (1978)

③ 美国宪法,am. V。

④ 阿姆斯特朗(Armstrong)对 United States 案,364 U. S. 40,49 (1960)。

⑤ 见以下案例:波勒镇邻里委员会(Poletown Neigborhood Council)对底特律市政(City of Detroit)案,410 Mich. 616,304 N. W. 2d 455 (1981)。

那么明确了。1922 年,美国最高法院法官奥利弗·温德尔·霍姆斯(Oliver Wendell Holmes)是提出应得赔偿的第一人。他代表法院在宾州煤炭公司对 Mahon 案中写到:"如果一项管理规则过了火,它将被视为征地。"①尽管霍姆斯法官所说的"征地"是否和在"私有财产不能被征用"中指的是同一个意思,又或是他是否只是模糊地提出它来表达应得庭审而不是应得赔偿的意思或表达其对宪法的顾虑②上存在学术上的争议。随后的最高法院判决认可了他的观点,即在特定情况下调控行为会影响应得赔偿条款所指的征用,必须给予赔偿。③

然而,对于法院来说,提出一般性主张比严格下定义要简单得多。法院在时不时地发布些谦虚的忏悔,来形容在制定衡量调控性征地可理解的标准时遇到困难的同时④,已经制定了三个对理性增长的规章制度有潜在后果的检测⑤。一项规则或一个调控行为在以下条件下会产生征地的结果:第一,它否决所有人对他的土地进行所有有经济效益的利用;⑥第二,它有过大的经济影响力,过多干涉了所有人明显的投资预期,或是缺少一个足以弥补的政府特征;⑦第三,它没有充分促进合理的公共利益⑧。符合这三条中的任意一条就足以构成一个调控性征地罪。

① 宾西法尼亚煤炭公司对 Mahon 案,260 U. S. 393,415(1922)。
② 见布劳内斯(Brauneis)(1996);博塞尔曼(Bosselman),卡利斯(Callies)和班塔(Banta)(1973,passim)。这不是一个不合理的观点。
③ 见以下案例:First English Evangelical Lutheran Church 对洛杉矶县案,482 U. S. 304(1987)。
④ 见以下案例:凯泽·阿特纳(Kaiser Aetna)对 United States 案,444 U. S. 164,175(1979);Penn Central Transportation Co. 对纽约市案,438 U. S. 104,123,124(1978)。
⑤ 其他对调控性征地的检测与检查理性增长规章制度这一目的无关。例如,在罗雷托(Loretto)对 Teleprompter Manhattan CATV Corp. 458 U. S. 419 (1982) 案中描述的永久实际占有检测;在霍德尔(Hodel)对欧文(Irving),481 U. S. 704 (1987) 案中与征用一大片地不同部分有关的检测(推翻了限制转归领土权利的印第安土地合并法案的规定);以及安德鲁斯(Andrus)对阿拉德(Allard),444 U. S. 51 (1979) 案(支持限制销售印第安羽毛手工艺品权利的法律)。
⑥ 卢卡斯对南卡沿海委员会案,505 U. S. 1003,1015-16,1019 (1992)。
⑦ Penn Central, 438 U. S. 124。
⑧ 诺兰对加州沿海委员会案,483 U. S. 825,837 (1987);阿金斯对迪布隆市政案,447 U. S. 255,260 (1980)。

三、经济检验

第一个经济检验,对所有有经济效益利用的否决,是从 1992 年的卢卡斯(Lucas)对南卡沿海委员会案中产生的。① 戴维·卢卡斯(David Lucas)以 975 000 美元购买了两处位于南卡海岸海滨地区的地皮②,并想建两个单户家庭住房。③ 在他购买了地皮后不久,南卡立法制定了《海滨地区管理法》,授权南卡沿海委员会在沙滩上画一条哪儿能开发哪儿不能开发的分界线。④ 对卢卡斯不幸的是,他的地皮处在分界线的海洋那边,所以尽管他可以把他的地皮用作像野营这样的户外娱乐目的,但他不能在上面建房子。⑤

在南卡州审判法庭上,卢卡斯提出了他的抗议。他承认管理法目的的合理性,即为了保护南卡海滩不受腐蚀和其他环境退化,但他坚持由于他的土地由此变得毫无价值,依照宪法它是被理事会的行为所征收了。⑥ 尽管美国最高法院没有把它严格地裁决成征地,并把案子送回到南卡最高法院作进一步的调查⑦,它还是宣布了一条明确规定,即如果所有经济上可行的、有好处的、有生产力的土地利用都被禁止(在此案中从价值 975 000 美元降为零),它将通常被认为是征地。⑧ 南卡最高法院随后把它判为征地⑨,而且州政府最终买下了卢卡斯的两块地皮⑩。土地所有人必须遭受 100% 的价值损失,才能利用卢卡斯案中明确规定的要求。这个要求最近在帕拉

---

① 　505U. S. 1003 (1992)。

② 　同上,1006。

③ 　同上,1008。

④ 　同上。

⑤ 　同上,1008-09。

⑥ 　同上,1009。

⑦ 　同上,1031-32。

⑧ 　同上,1015-16,1019。正当法院声称要宣布一条明确规定时,它在这条规定中引进了一个在以下情况下的例外,即假如在被质疑规则的制定之前就已存在的所谓的"财产和损害的州法的背景原则"被应用到土地上会以与被质疑规则相似的方式限制它的用途,则不能判成征地。同上,1029。

⑨ 　卢卡斯对南卡沿海委员会案,309 S. C. 424,424 S. E. 2d 484 (1992)。

⑩ 　莱曼(Lehman)(1993,3G)。结算值总计 150 万美元。

佐洛(Palazzolo)对罗得岛案中得到了肯定。[1] 法庭对此案宣判道,只给土地留下"象征性利益"的调控行为不能被免于卢卡斯式的赔偿,而致使严重但不是全部价值减少的调控规则将被免于赔偿。[2] 这就是帕拉佐洛案里的情况。控制规则允许帕拉佐洛先生在他占地 18 英亩的地皮上建一个单户住宅,并能产生 20 万美元的土地价值。然而帕拉佐洛先生坚持认为如果获得他申请的开发许可,他的地皮将价值超过 300 万美元。[3]

对调控性征地的第二个经济检验涉及更普遍的情景,即调控行为减少了私有土地的经济价值,而不是根除。不像卢卡斯案的规定,这个检验不以后果作决定,即它本身不提出能最终裁决成调控性征地的事实条件。实际上,正如最初在 Penn Central 运输公司对纽约市案中描绘的,这个检验"本质上是特定检验,事实调查"之一,而不是一个"固定公式"。[4] 在这个案子里,Penn Central 拥有 Grand Central 终点站(彩图 29)。它是由纽约市历史标志性建筑保护委员会指定的一个历史标志性建筑。[5] Penn Central 公司想在终点站大楼上建一座塔楼。这座塔楼将能产生数百万的年租。[6] 委员会基于塔楼会对终点站大楼作为历史标志性建筑的性质有害否决了 Penn Central 的申请。[7]

为了查明委员会的行为是否有调控性征地的影响,法院宣布了三个有特殊重大意义的影响因素:规则的经济后果,规则对土地所有人明显的投资预期的干涉程度,以及政府行为的特征。[8]应用到 Grand Central 终点站大楼的实际情况,法院宣判征地罪名不成立。[9]首先,Penn Central 公司承认它在终点站使用上获得了合理的利润。这体现了所有人主要预期的利用。[10]

---

[1]　533U. S. 606 (2001)。

[2]　同上,630-31。

[3]　同上,615-16,630-31。

[4]　Penn Central 运输公司对纽约市案,438 U. S. 104, 124 (1978)。

[5]　同上,115。

[6]　同上,116。

[7]　同上,117-18。

[8]　同上,124。

[9]　同上,136-37。

[10]　同上,136。

另外，历史标志性建筑法规给了 Penn Central 机会，允许它把否则无用的终点站大楼上的开发权"转让"到它在终点站大楼附近所拥有的一些地皮上。[①]"政府行为的特征"这一因素在此案中没有特别关系。[②]

最高法院经过批准已经在很多场合运用了 Penn Central 案的三个因素的检验。[③] 帕拉佐洛案和卢卡斯案都明确证明了法院继续使用小于100%价值损失这一事实。[④] 例如，在帕拉佐洛案里，美国最高法院将此案打回到罗得岛最高法院，让罗得岛最高法院依据 Penn Central 案的三个因素检验来确定所声称的财产价值下降是否足以构成征地罪。[⑤] 法官 O'康纳 (O'Connor) 对 Penn Central 案和它的以事实为依据、依情况而定的方法持赞同观点，通过把 Penn Central 案当成批准了的平衡检验，向"政府行为的特征"因素注入新的生命力。依据这个平衡检验人们能够料想到，依据 Penn Central 案的两个经济因素，政府目的越重要，一项经济侵害就越能持续而不违反宪法。[⑥]

我们还不清楚的是，在法庭对一项调控性征地定罪前，有多少经济后果和多少对明显投资预期的干涉能被容忍。这是一个令人不安的不清楚。土地所有人和政府管理者在处理他们的事务时想要有可预言性，如果不是确定性。但是，对 Penn Central 案检验唯一可预言和确定的是，它不是固定的公式。下级联邦法庭和州法庭在应用 Penn Central 案检验时的宣判通常是，价值的大量减少一项不能成为征地罪的依据。[⑦] 如果不是严重的财产价值的损失，或也许只是财产价值上的不公，政府和土地所有人则只能在立法

---

①　Penn Central 运输公司对纽约市案，438 U. S. 137。

②　法院只提供了一个例子来阐明它所指的"政府行为的特征"因素。那个例子表明，与"调整经济生活的好处和包袱以便能促进大众好处的规则"相比，造成"实质入侵"的规则更有可能被裁决成有征地影响。同上，124。

③　见以下案例：帕拉佐洛对罗得岛案，533 U. S. 606，617 (2001)；凯泽·阿特纳对 United States 案，444 U. S. 164，175 (1979)。

④　帕拉佐洛，533 U. S. 630；卢卡斯对南卡沿海委员会案，505 U. S. 1003，1019 n. 8 (1992)。

⑤　帕拉佐洛，533 U. S. 630。

⑥　同上，633-36(O'Connor, J.，赞成)。

⑦　见以下案例：达达里奥(Daddario)对鳕鱼角委员会(Cape Cod Commission)案，425 Mass. 411，416-18，681 N. E. 2d 833，837-38，cert. denied，522 U. S. 1036 (1977)。

和行政的分支机构里解决他们的冲突。在那里,价值每天都在被创造和减少。向法律分支机构的求助将留给那些真正出格的事件。

四、对是否充分促进了合理的公共利益的检验

第三个对调控性征地的检验,即规则必须充分促进了合理的公共利益,着重于调控行为的理性化和它所要达到目的的合理性,而与对土地所有人的经济影响无关。这个检验最初是在 1981 年的阿金斯(Agins)对 Tiburon 市政案的宣判中宣布的(彩图 30),①随后在 1987 年的 Nollan 对加州沿海委员会案里被精炼。② 此检验吓倒了许多学者,因为他们认为它被不恰当地从应得庭审并入到应得赔偿条款里了(Echeverria,2000;Kayden,1991)。他们的争辩不仅仅是学术上的争辩,因为假若检验既能被用于应得赔偿条款的诉讼又能被用于应得庭审条款的诉讼,土地所有人将追求应得赔偿条款的钱财补偿,而不是满足于令人讨厌的管理规则的司法废除。③

使"充分促进"检验尤其有煽动性的是它的陈述,首次是在诺兰案的脚注里发表的。此检验是从传统的"应得庭审"检验中演变来的,但比它更苛刻,因此对于政府来说更难通过。④应得庭审检验只要求在立法方式和结果间有一个合理的关系。⑤然而,在诺兰案中,法院明确地把应得赔偿从应得庭审的公式中区分开,宣称"充分促进合理的公共利益"中"充分"这个词比应得庭审条款里的"理性地"这个词有更广的含义(彩图 31)。这就事实上

---

① 447 U. S. 255, 260 (1980)。

② 483·U. S. 825, 837 (1987)。

③ 见 First English Evangelical Lutheran Church 对洛杉矶县案, 482 U. S. 304 (1987)。值得注意的是,实质应得庭审条款的异议依照第 1983 节里的一个异议也能够寻求钱财损害。见 42 U. S. C. 第 1983 节。

④ 诺兰,483 U. S. 834-35 n. 3。

⑤ 同上。自从所谓的 Lochner 时代(以一个最高法院的判决命名)的逝去,最高法院通常尊重立法判断,宁愿拒绝充当超级立法机关并赞成立法制定只要它有一个令人信服的合理基础。而在 Lochner 时代,最高法院把它的宪法角色看成是要仔细检查立法的制定和依据各种宪法法规推翻它们。

为依据应得赔偿条款而受质疑的土地利用规则创造了更高的检查。[1]

充分促进检验的可应用性和含义都还不确定。只有一个土地利用的实际形式,包含了政府试图把让土地所有人同意把部分土地作为公共使用作为获得开发许可的条件,给了最高法院灵感来详细阐述。对这些案件,法院提出了两个子测验——"实质关系"和"粗略比例"[2]——来决定调控行为是否充分促进了合理的公共利益。

在诺兰案中,法院宣判道,土地专用条件必须由所声称的条件目的和条件需要土地所有人给予的合作之间的"实质关系"支持。[3]那里,诺兰一家想要拆除他们现有的海边小别墅,并盖一栋更大的房子代替它。[4] 加州沿海委员会同意了,但条件是允许公众在他们的房子以东和太平洋平均高潮线以西之间穿行于他们的私人海滩。[5] 法院宣判,这个条件构成了一个调控性征地,因为在委员会声称的目的——保护从内陆到太平洋的视野——和条件对东西南北面的公共通路的要求之间没有"实质关系"。[6] 另一方面,诺兰家前院一处能提供太平洋绝妙远景的观测点,很显然将会满足法院的实质关系检验。[7]

在 1994 年多兰对 Tigard 市政一案中[8],法院宣布在开发许可的条件和由开发造成的有害后果间还要有"粗略比例"。[9] 多兰夫人是一位老年寡妇,她想要拆掉她在俄勒冈波特兰郊区迪盖德镇占地 9 700 平方英尺的管道和电子商店,并在她的地皮上建一个占地 17 600 平方英尺,几乎是原来两倍大的商店和一个停车场。[10]扩充显然将会有土地利用的影响。例如,更

---

① 诺兰,483 U. S. 834-35 n. 3。

② 多兰对 City of Tigard 案,512 U. S. 374 (1994),提出了粗略比例检验但没有明确地把这个检验与充分促进检验联系起来。除非粗略比例检验被理解成独立的应得赔偿条款的检验,否则它虽然与经济检验和充分促进检验处于同等地位,它将不得不把自己置于充分促进标题之下。

③ Nollan(诺兰),483 U. S. 838-39。

④ 同上,827。

⑤ 同上,828。

⑥ 同上,838-40。

⑦ 同上,836。

⑧ 512 U. S. 374 (1994)。

⑨ 同上,394-96。

⑩ 同上,379。

多不透水的地面会造成雨水溢流增加,更大的商店会带来额外的汽车交通。① Tigard 市政想要对商店扩充提出批准条件,那就是多兰夫人要同意在她所有的属于一个 100 年冲积平原的那一部分土地上,大概是她地皮总面积的 10%,不建任何东西并允许公共通路,还要同意为人行道和自行车道提供额外的 15 英尺宽度,这样就能和正在形成的城市道路网连接上了。② 最高法院认为这两个条件违反了应得赔偿条款,因为没有足够证据证明它们与商店扩充的影响成粗略比例。③ 法院判道,尽管不要求精确的数学计算,政府"必须作出某种个别加以考虑的决定,以便强加的土地专用既在本质上又在程度上和开发提议的预期影响相联系。"④

离现在更近的是,在 1999 年的蒙特利市政对德尔·蒙特·杜内斯有限公司案里⑤,法院似乎支持在这个仅牵扯到许可申请被否决,而不是附加在许可批准上的条件的案子里运用充分促进检验。"⑥这意味着诺兰案判决书里脚注 3 提到的更严密的检查与许可的否决和其他土地利用规则和调控行为无关吗? 甚至当充分促进检验有关时? 在一个令人回忆起"Penn Central 案是我的过失"的忏悔中,美国最高法院承认,"除了强加的专用或征税规则,它没能彻底解释其他能充分促进了合理的公共利益要求的规则的本质和适用性"⑦。不过,法院注意到它还没有把多兰案的粗略比例检验扩展到"征税的特殊情况以外——以土地专为公共使用为开发批准条件的土地利用决策"⑧。今天,充分促进检验似乎在不断变动中。一些最高法院的法官提出问题,依照应得赔偿条款这项检验是否根本适宜。不会令最高法院吃惊的是,要对越来越多的此类诉状准予重审。这些诉讼人或挑战或支持

① Nollan(诺兰), 483 U. S. 381-82。
② 同上,380。
③ 同上,394-95。
④ 同上,391。
⑤ 526 U. S. 687 (1999)。
⑥ 同上,706。
⑦ 同上,704。
⑧ 同上,702。

这个依照应得赔偿条款的检验是否持续有效。①

五、宪法结构在理性增长规章制度中的应用

当今理性增长的管理规则与宪法结构相当一致。如上所述,应得赔偿条款作为现今首选的、为对抗政府对私有土地控制的万能手段,欣然同意政府可以大大限制土地所有人开发的选择范围,以便促进社会、经济、财政和环境议程。广泛地说,这正是理性增长的管理规则在起作用——限制或影响私人开发的地点、类型、密度、结构、设计、社会和经济组成、相关的基础设施,以及开发速度,为的是要形成一个政府喜欢的土地开发形式。

当衡量违反宪法结构的理性增长规则时,区分"表面的"和"当应用时的"对抗很重要。一个"表面的"对抗必须证明理性增长的一个规则在表面上违反了宪法,而不用考虑在某块土地上的任何应用。因此,法庭必须要查明这条规则是否在它有效的地区内以公理否决了每一个土地所有人的所有有经济效益的土地利用;查明这条规则是否造成了过大的经济影响,是否过多干涉了所有土地所有人明确的投资预期;还要查明这条规则在它有效的地区内是否对所有土地所有人来说缺乏必备的政府特征;②或是查明它是否没能充分促进合理的公共利益。"当应用时"的对抗只需证明当管理手段被应用在某块土地上时,它构成了一个违背宪法原则的征地。最高法院强调了依靠应得赔偿条款的表面对抗是极难获胜的③,哪怕是在"当应用时"的情况里,土地所有人在向法院起诉前有义务要先努力使用政府授予的所

---

① 见《对诉讼文件调取令书面文件的请愿》,卡耶塔诺(Cayetano)对谢夫龙(Chevron),USA,Inc.案,No.00-1198,at 5-15 (2001)。

② 实际上,作为一个依案例而定的调查,Penn Central 案中三个因素的检验可以认为是对表面对抗不合适的。

③ 见苏伊特姆(Suitum)对塔霍区域规划署(Tahoe Regional Planning Agency)案,520 U.S. 725,736 n.10 (1997);Keystone Bituminous 煤炭协会对德贝内迪克蒂斯(DeBenedictis)案,480 U.S.470,495 (1987)。

有可行的手段,包括其变体,来获得一个满足宪法要求的开发机会。①

六、表面对抗

没有任何理性增长的管理手段会具有必要的全盘不合理或经济影响,来使一个"表面对抗"获得成功。首先,理性增长关心的一系列事宜很容易有资格成为合理的公共利益。为了这些公共利益,政府可以实施它的权力。在一个时髦用语下,理性增长集合了政府几十年来一直追求的并被法庭批准的个人目标,包括保护空地②、拯救环境易受影响的土地③、保护历史标志性建筑和社区特征④、增加负担得起的住房的供给⑤,以及减轻交通堵塞⑥。

此外,理性增长的管理手段在表面上也促成了这些目标。它们不是从宙斯统治者的脑袋里突然跳出来的新的或是具有革命意义的方案。相反,它们是存在已久逐渐进化成的手段。它们的管理 DNA 含有以往努力经历的丝丝缕缕。以往的努力或是被明确定义成宪法可以接受的,或是有时是被明确认定能被宪法接受的。很难想象这些手段会震惊以宪法组成的法官。

例如,增长管理是理性增长词汇的前任之一,在几十年前被引入,然后成为新颖的管理及其作为土地利用"安静革命"的部分。它控制了在哪里开发、什么时候和怎么样开发(Bosselman and Callie,1971)。依照在应得赔偿条款的霸权之前就已盛行的应得庭审和平等保护分析,革命最著名的两个步兵的合理性受到了司法的检查。在格尔登(Golden)对 Ramapo 规划局案里,纽约上诉法庭赞成一项 18 年的资本基础设施计划。这个计划延迟了很

---

① 见麦克唐纳(MacDonald)、萨默(Sommer)和弗拉斯特(Frates)对尤罗县案, 447 U. S. 340 (1986);威廉姆森县区域规划委员会(Williamson County Regional Planning Comm'n)对汉密尔顿(Hamilton)银行案, 473 U. S. 172 (1985)。

② 阿金斯对迪布隆市政案, 447 U. S. 255, 261 (1980)。

③ 卢卡斯对南卡沿海委员会案, 505 U. S. 1003, 1022-23 (1992)。

④ Penn Central 运输公司对纽约市案, 438 U. S. 104, 108,129 (1978)。

⑤ 彭内尔对圣何塞市政案, 485 U. S. 1, 12 (1988)。

⑥ 多兰对迪盖德市政案, 512 U. S. 374, 387 (1994)。

多私人开发的批准,直到可以证明此开发能被某些物质基础设施恰当地扶持。①在桑拿玛(Sonoma)县建筑工业协会对帕特鲁玛(Petaluma)市政案中,美国第九上诉法庭批准了城市每年可以建盖的多个家庭住房单元数目的限制(彩图 32)。② 如果充分促进检验今天的版本能被理解成把详细审查应用到理性增长的某个狭义定义的、依情况使用的管理手段上,那么它肯定就不会使法官变成超级立法机构,并不会使他们对好和坏的观点全部融入到理性增长的辩论中。

对于以 Penn Central 案和卢卡斯案中的检验为基础的"表面对抗"来说,法庭不太可能能够仅以一个立法制定就断定某个理性增长的管理手段违背了宪法。依据定义,Penn Central 案三个因素的检查阻碍了"表面对抗",因为它要有对明显的投资预期的评估。这是一个有必要依情况而定的主观的检验。然而,以卢卡斯案为基础的"表面对抗"有可能能被用于反对像永久扼制边界线一侧的任何开发这样一个残忍形式的城市增长边界,或是一个没有限制地延期的完全开发延缓令。一旦这类法律造成经济损失,上诉程序就会随之而来。因此它有力地要求,土地所有人在上法庭前要从相关调控权威那里寻求特殊援助,但是他们的表面正确性会被保护③。就像经典的分区制的变体(U. S. Department of Commerce,1924),这个安全阀门将使真正成问题的情况能由政府对规则的修改、废除或也许是决定支付赔偿来解决成为可能。在任何情况下,在法律面前宣称土地所有人不能避免卢卡斯案式的损失也是不可能的。

七、"当应用时"的对抗

如果合理地应用,理性增长的管理手段将会享受同样的宪法保护,正如宪法对传统土地利用管理手段的保护。一般来说,"合理地应用"指的是所有人对他们的土地能有一些有经济效益的利用,所有人被要求提供不超过

---

① 30 N. Y. 2d 359, 334 N. Y. S. 2d 138, 285 N. E. 2d 291, 上诉被驳回,409 U. S. 1003 (1972)。

② 522 F. 2d 897 (9th Cir. 1975), cert. denied, 424 U. S. 934 (1976)。

③ 威廉姆森县区域规划委员会对汉密尔顿银行案, 473 U. S. 172, 186-94 (1985)。

他们公平份额的公共基础设施,还有就是政府决策要以证明此决策有合理基础的规划研究作为支持。

"当应用时"的宪法挑战的弱点依据理性增长管理手段的形式不同而不同。例如,导致金钱价值大幅下降的环境和空地的限制,特别是城市增长边界,开发延缓令和历史保护条例的应用应特别考虑应得赔偿条款的经济检验。如果一项限制禁止了土地所有人的开发,使其蒙受金钱损失,卢卡斯赔偿就有可能。如果一项限制只禁止了部分开发还遗留了一些财产价值,就属于 Penn Central 案的情形了。

税收、影响费、足够公共基础设施和合作规定不太可能造成足够的经济后果而导致为卢卡斯或 Penn Central 案。它们的最大弱点显现在诺兰案和多兰案实质关系和粗略比例的检验里。虽然含糊性混淆了这种检验的可应用性和含义,它们的基本原理可以延伸到覆盖非土地的专用条件。不排外的分区制和其他以社会为导向的规章制度表现出类似的顾虑,特别是当私人市场价格的住房开发商问道他们为什么被要求处理一个乍一看似乎不属于他们的问题(Kayden,2000a)。作为对宪法上的模糊回应,地方政府也许会发现,开展能指出开发提议的负面影响并能纪录特殊管理比例的规划研究,将是谨慎之举(Kayden,2000a)。

八、结论

这篇文章主张,理性增长的规章制度以它目前的形式是与最高法院建立的公共需求和私人利益间的宪法平衡相一致的。以卢卡斯案和 Penn Central 案里的经济检验,或是以阿金斯,诺兰案和多兰案里的充分促进、实质关系和粗略比例的检验为标准,联邦政府、州政府以及地方政府有足够的自由来影响土地形式,使它向理性增长靠拢。私有土地所有人也有足够的自由来反抗太过分的限制。鉴于司法依实际情况不同而不同的裁决形式,即它证明了对某个土地所有人来说所谓的理性增长管理是不合宪法的影响,司法干涉如果能起到作用,它将是来福枪而不是鸟枪。换句话说,理性增长的规章制度在零售似的袭击里比在批发似的袭击里更脆弱。

我们可以推测未来。想象一下理性增长的管理努力变得比目前的版本要激进得多,有效地把都市景观分成赢家和输家两大类。赢家将会是位于或临近已开发地区、靠近公共交通站或在增长边界内的土地所有人。他们被允许,实际上是被鼓励的,以高密度建设并享受着这种新创造的收入机会带来的横财。输家将会是因为开发和利用他们的土地会阻碍实现理性增长而遭到拒绝的土地所有人。法庭战变得更普遍了。最高法院加速了已经被一些人认为是向对私有财产的更大保护的稳步前进(Callies,1999;Berger,1987),并开始攻击那些制造输家的政府行为。

无论听起来怎样荒诞离奇,这个情景提出的警告是,理性增长规章制度的宪法正确性部分依赖于把赢家和输家的布局和理性增长的布局分离开来。一个值得规划者和律师重新注意的方法是在理性增长的一些控制体系内埋入补偿机制。限制机制可以使用一些"甜头"来减轻限制的"苦头"。这些"甜头"可以是高度的奖励和其他调控性的让步,或通过转让开发权(Transfer of Development Rights,TDR)卖掉否则将无用的开发权。后者是以赢家和输家的比喻来看最有前途的方法。这些"甜头"将降低规则被认为是太过分了的可能性①。随着理性增长的规章制度走向成熟,发明新的或采取旧的方法来促进广泛的公平和为之提供宪法保障不算太早。②

参考文献

American Bar Association. 1999. *From sprawl to smart growth*: *Successful legal*, *planning*, *and environmental systems*. Chicago, IL: American Bar Association.

American Planning Association (APA). 1998. *The principles of smart development*.

---

①　见 Kayden(1992);Penn Central, 438 U. S. at 113-114, 137。

②　当这本书出版时,美国最高法院对塔霍—塞拉(Tahoe-Sierra)保护理事会有限公司诉塔霍区域规划署(2002 U. S. LEXIS 3028,2002 年 4 月 23 日)案作出了宣判。判决支持塔霍区域规划署强加的 32 个月的开发延缓,否定了土地所有人依据应得赔偿条款对调控性征地提出的上诉。6∶3 的多数意见强烈支持了 Penn Central 案以事实为基准的、依情况而定的分析结构,把卢卡斯案里的无条件规则保留到对所有有利使用的剥夺这种不寻常的情况里(见 slip op. at 20, n. 9;22 & n. 23)。人们很难不阅读这个对开发延缓令——理性增长规章制度的一员——广义的宪法批准,因为它暗示了法院不打算从根本上破坏理性增长的规章制度。

Planning Advisory Service Report No. 479. Chicago, IL: American Planning Association.

Arendt, Randall G. 1996. *Conservation design for subdivisions: A practical guide to creating open space networks*. Washington, D C: Island Press.

Beaumont, Constance E. 1996. *Smart states, better communities*. Washington, D C: National Trust for Historic Preservation.

Berger, Michael. 1987. The year of the taking issue. 1 *Brigham Young university journal of public law* 261, 261-63.

Bosselman, Fred and David Callies. 1971. *The quiet revolution in land use control*. Washington, D C: U. S. Government Printing Office.

Brauneis, Robert. 1996. The foundation of our "regulatory takings" jurisprudence: The myth and meaning of Justice Holmes's opinion in *Pennsylvania Coal Co. v Mahon*. 106 *Yale law journal* 613.

Callies, David L. 1999. Regulatory takings and the Supreme Court: How perspectives on property rights have changed from *Penn Central* to *Dolan*, and what state and federal courts are doing about it. 28 *Stetson law review* 523, 525-26.

DeGrove, John M. 1992. *The new frontier for land policy: Planning and growth management in the states*. Cambridge, MA: Lincoln Institute of Land Policy.

Echeverria, John D. 2000. Takings and errors. 51 *Alabama law review* 1047, 1073.

Frank, James E. and Robert M. Rhodes. 1987. *Development exactions*. Chicago, IL: Planners Press.

Garvin, Elizabeth A. and Martin L. Leitner. 1996. Drafting interim development ordinances: Creating time to plan. *Land use law and zoning digest* (June): 3.

Haar, Charles M. 1996. *Suburbs under siege: Race, space, and audacious judges*. Princeton, NJ: Princeton University Press.

Hoke, John Ray, ed. 1994. *Architectural graphic standards*. New York, NY: John Wiley & Sons.

Kayden, Jerold S. 1991. Land-use regulations, rationality, and judicial review: The RSVP in the *Nollan* invitation. 23 *Urban lawyer* 301, 314-15.

——. 1992. Market-based regulatory approaches: A comparative discussion of environmental and land use techniques in the United States. 10 *Boston College environmental affairs law review*. 565, 568-59 (incentive zoning), 574-77 (transfer of development rights).

——. 2000a. Inclusionary zoning and the Constitution. *National housing conference affordable housing policy review* 2 (1): 12-13.

——. 2000b. National land-use planning in America: Something whose time has never come. 3 *Washington university journal of law & policy* 445, 453-65.

Kirp, David L. , John P. Dwyer and Larry A. Rosenthal. 1995. *Our town: Race, housing, and the soul of suburbia*. New Brunswick, NJ: Rutgers University Press.

Knaap, Gerrit, and Arthur C. Nelson. 1992. *The regulated landscape: Lessons on state land use planning from Oregon*. Cambridge, MA: Lincoln Institute of Land Policy.

Lehman, H. Jane. 1993. Case closed: Settlement ends property rights lawsuit. *Chicago tribune*. (July 25): 3G.

Mallach, Alan. 1984. *Inclusionary housing programs: Policies and practices*. New Brunswick, NJ: Center for Urban Policy Research.

Morris, Marya. 2000. *Incentive zoning: Meeting urban design and affordable housing objectives*. Planning Advisory Service Report No. 494. Chicago, IL: American Planning Association.

National Housing Conference. 2000. Inclusionary zoning: A viable solution to the affordable housing crisis. *National housing conference affordable housing policy review*, vol. 2, issue 1.

Nelson, Arthur C. , ed. 1988. *Development impact fees*. Chicago, IL: Planners Press.

——. 1994. Oregon's urban growth boundary policy as a landmark planning tool. In *Planning the Oregon way: A twenty-year evaluation*, Carl Abbot, Sy Adler and Deborah Howe, eds. Corvallis, OR: Oregon State University Press. Oregon State Senate Bill 100 (1973).

Orgel, Lewis. 1953. *Valuation under the law of eminent domain*, 2d ed. Charlottesville, VA: The Michie Co.

Pierce, Tom. 1997. A constitutionally valid justification for the enactment of no-growth ordinances: Integrating concepts of population stabilization and sustainability. 19 *Hawaii law review* 93, 102-05.

Pollard, Oliver A. III. 2000. Smart growth: The promise, politics, and potential pitfalls of emerging growth management strategies. 19 *Virginia environmental law journal* 247, 282-84.

U. S. Department of Commerce. 1924. Standard Sate Zoning Enabling Act, Section 7. Washington, DC.

第十章　理性增长的道德准则
——通向生态十诫的步骤

蒂莫西·C. 韦斯凯尔(Timothy C. Weiskel)

　　伦理学在法律和经济学不能涉及的地方开始。很显然,我们在个人和集体生活中所作的价值判断中遵循了很多道德准则。西方文化的理论是,世界存在于人类领域之外的环境。这个环境既与世界不同又与世界无关。有人认为,借助于科技我们被赋予了力量和权力为实现不断增长不但变化的人类需求而任意操纵环境。

　　在学术界,我们才刚刚开始讨论我们在怎样管理和操纵世界上需要变得有理性。是时候了,你不这样认为吗?对理性增长的呼吁来得太慢了,而"愚蠢"增长(不受约束的增长,漫无目的的增长,无政府主义的增长)的后果正在变得越来越明显,以至于无法被忽视。显然,对理性增长的要求是未来的潮流。毕竟,如果与它作比较的是愚蠢增长,谁会有可能反对它呢?没人会否认理性增长是一个道德规范。[①]从现在开始,我们需要争论的是,谁能把什么叫做理性?

　　然而,整个这项工作的难点是,在一个生态系统内,系统范围的问题要比简单的人类问题大得多。如果奉行我们已经承认和相信的理性增长,我

　　[①]　有人主张,经济增长的传统模式应该全面停止,并且有些人已经把这一主张作为道德要求来传递了。自从极富影响力的以《增长的极限》为题的对罗马俱乐部的报告(Meadows and Club of Rome, 1972; Meadows, Meadows and Randers, 1992)的发表,这个观念就变得显著了。很多人在挑战增长极限这一主张时,也用了强烈的道德言词来反驳(Walter, 1981; Beckerman, 1995)。

们可能会错过人类前景的更大方面。实际上,从我们认为我们能够任意操纵自然环境来实现人类最大利益这点来说,我们正处在一点一点而来的灾难的危险中。

简而言之,理性增长的雅致使我们看不到它的傲慢。不一定是要避免人类灭绝,我们可以仅仅使增长更有效率。我们可能认为我们正在以理性的形式增长,但是人类增长本身可能就是更大系统里的一个问题。我们需要有勇气面对这样一个问题:在一个已经被人类事业窒息的世界,那里的自然界正遭受着我们的践踏,理性增长不是一个矛盾修辞法吗? 一个在术语上傲慢的矛盾吗?

为了能有效并持久,理性增长需要发展两个基本特征。第一,它需要依据生态系统的生物地球化学过程的客观约束条件,重新考虑各种事情的重要性。第二,除了能源效率、材料回收和系统优化等理论,它需要一个强大的道德基础来支持人类事业。所有这些都是必需的,但是还需要更多——很多。在核心部分,理性增长需要对人类存在有一个新的指导。这个指导要以自愿接受的自制力为基础。这种自愿接受的自制力不应仅仅是开明的私人利益或推迟的享受。如果理性增长要有真正含义,而不仅仅是"嬉皮资产阶级"①某一周的时髦短语,新的环境道德规范就要把握住公众的思想。这个新的道德规范反过来需要在对更广泛的生态系统的最新认知中诞生。在这个生态系统中,我们只是一个单个的组成物种。

要达到此境界,我们需要学着承认并接受以下四个简单的事实。①我们没有创造这个世界;我们不能控制它;我们不能毁灭它。②我们必须学着成为地球生态系统内对生态负责的公民,而不是继续和它作对,徒劳地试图支配它,或是可怜地苦苦活着,好像我们能够忽视它。③我们是材料交换和能源流动这个有组织的系统中的参与者。这个系统遵循热力学第二定律。④如果我们想要作为一个物种生存下来,我们最好在把我们自己逼向灭绝前学习家规——对家规的忽视或是倔强地拒绝对它们严肃对待会使我们走向灭绝。

————————————

① 自封的"嬉皮士"资产阶级。

　　简而言之,在有限系统内的无限增长是不可能的。理性增长在定义上是自我限制的。把这一点搞清楚很重要,因为公共言论的花言巧语和日常经济生活令人困惑。例如,在对经济的讨论中我们常常可以听到像"稳定增长"或"持续增长"等词汇。然而,在更大的生物系统里,很显然,稳定、持续或连续增长的幻想根本就不可能。从长期来看,所有经济都是作为生态系统的子集运行的。所以,在我们的头脑中牢牢建立生态系统的基本法规是很重要的。在生物体和种群的层次上,增长最好被理解为一个阶段现象。单个生物体或种群在他们的发展过程中要历经一个成长阶段,但这不是——事实上也不可能是——事件的一个永久状态。不受约束的成长是不可行的,也是不健康的。由于生物体再生的固定增长率(R)会导致整体群落呈指数式增长,一个稳定增长率具有潜在的爆发性。指数式种群增长的典型形式是 J 型曲线。它先有一个长期的渐进增长,然后是在非常短的时间内生物体的快速扩张(图 10—1)。没有生物系统能长期容忍其组成物种以这种方式增长。如果一个种群自己在繁殖行为中不作出改变,那么它迟早就会受到生活环境或营养来源的外界限制。然后当环境承载能力(K)被

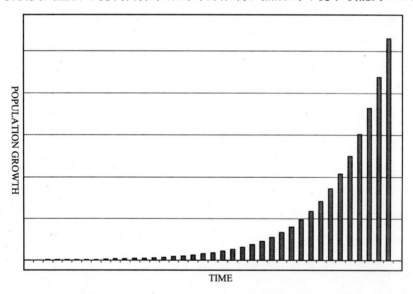

图 10—1　假想的种群指数式增长模式产生 J 型曲线。随着时间的推移,它会导致种群的爆炸性增长,哪怕增长率(R)保持不变并很低。

超过时，它就会很快地崩溃（图 10—2）。

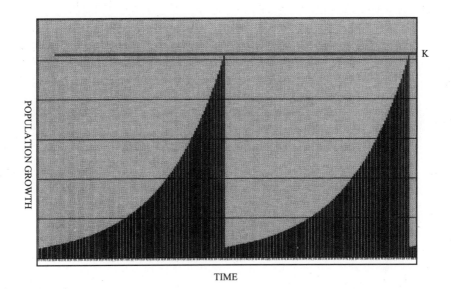

图 10—2　以固定的增长率（R）增长的种群有一个 J 型增长曲线，接着是一个当总数超过环境承载力（K）时突然的崩溃。如果一些有生殖能力的个体得以存活，超越极限然后崩溃的模式可以不断地重复。

　　随着时间的推移，在所谓的系统（指任何一种种群）承载能力里，也许没有任何事是固定的或是永远确定的。至少在理论上，如果一个种群要适应另一种消费形式或为了自我维护，它可能就会扩展或增长。原则上，这也许会指在一定系统里，种群有可能会周期性地超过它的承载能力，但在下一时期它可能会拥有一个更大的承载力，并在超过极限和崩溃前达到这个新层次。在数学上，这个过程可以被简单地模拟成一个系统。在这个系统里，种群以稳定的速度增长，它的承载力（K）在定期的种群崩溃后随着时间而增长（图 10—3）。

　　当然，生态系统中没有任何东西能保证一个单个物种的承载力能随时间增长。正相反，当种群超越极限并崩溃时，它常常是对其生命维持系统，即提供生物地球化学循环的有机组织的复杂网络，具有极大的毁灭性。生物地球化学的循环是每个有机体所需的营养、水和能源稳定流动所必需的。

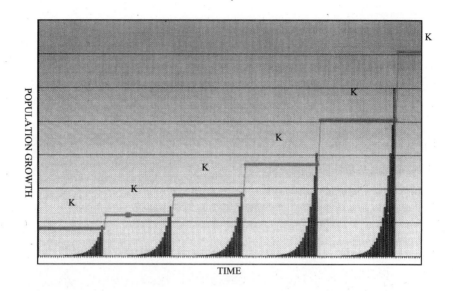

图 10—3 如果系统的承载力（K）升高，那么以固定速度（R）增长的种群能够随时间扩大。以固定速度增长的种群仍然要进行超越极限并崩溃这种繁荣与萧条交替的循环。而且，如果承载力在无时无刻地增加着，繁荣与萧条交替循环的振幅就会增强，尽管超越极限然后崩溃这一特征保持不变。

因此，由于持续增长现象导致了重复出现的超越极限和崩溃的病症，极其通常的情况是，经过一段时间，系统削减了其对某一生物体的承载能力。由此，尽管一个种群增长的基本形式（繁荣—萧条）也许不变，但它实际的总数可能会随时间减少。这是环境毁坏造成承载力不断降低的报应。而造成环境毁坏的部分原因是超越极限然后崩溃的反复（图 10—4）。

从生态系统里种群的基本动态可以看出，如果理性增长要保证它所关心的群体的长期生存，增长必须自我限制。每个群体必须稳定在低于其系统的承载力（K）以下的水平。如果承载力正在下降，起自我限制作用的稳定过程必须快速发生。为了使之发生，增长率不能下降到零。每个区间个体数量的净增长呈钟型曲线，即净增长达到最高点后降为零（图 10—5）。

最基本的是，理性增长必须首先要对这一看法作出肯定，即要在我们居住的复杂的生物地球化学系统的可能范围之内设计。设计不可能维持的系统是不理智的。在生态系统中没有有影响力的外部因素，因此我们必须

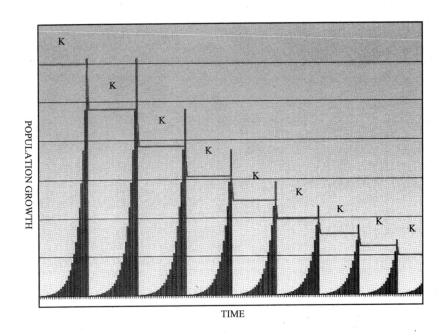

图 10—4　承载力（K）也可能会随时间下降。种群的整体动态可能会保持不变，但是如果每次都超越极限并崩溃，它的生存环境的承载力就会下降，然后当它再次增长时，在它再次崩溃前它将不会达到它先前的总数。这可以被称作是持续增长形式，但是它似乎不是理性增长，因为每个繁荣和萧条的循环随时间减小了下一个存活的机会。

放弃部门性思维方式（预测某个部门的增长），而应使用系统思维方式（预测整个系统健康的稳定和自我维持）。倡导理性增长的人将需要承认并接受这个事实，即在健康的种群里，就像健康的个体，增长是生命体在趋向成熟的道路上经历的一个阶段。持续的增长在健康的生物体或健康的种群里是不可能的。事实上，它是病态和濒临死亡的征兆。医生指出，持续增长是癌细胞的意识形态。毫不奇怪，基于持续增长神话的城市政策带给我们的是好似土地患上癌症的蔓延形式。①理性增长的道德准则反映了对增长有问

① 见美国地质调查绘制的旧金山湾区城市增长测绘图：http://geo. arc. nasa. gov/esdstaff/william/urban. mpg。

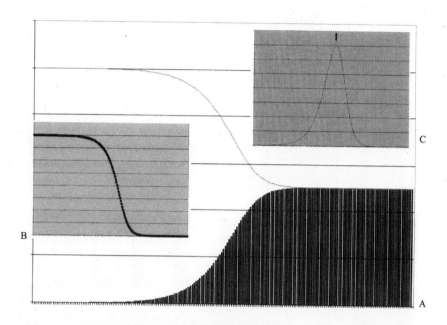

图10—5 增长是生物体或种群走向成熟的过程中的一个阶段。在稳定的可持续的种群中，增长率降到接近于零(A)，而且总数稳定下来而不会超过它的承载力(B)。在增长阶段中，种群平均周期性增量在曲线拐点达到顶峰(I)，然后每个连续周期的种群增量持续下降(C)。总之，理性增长是自我限制的。

题的特征新的冷静的评估，也反映了我们对复杂的生态系统中人类前景的重新认识。

1949 年，奥尔多·利奥波德(Aldo Leopold)写了一篇题为《土地伦理》的评论作为他的著作《沙乡年鉴》(A Sand County Almanac)的最后一章。在这篇评论中，他表达了道德系统随着人类社会扩展了其责任感而演变的思想："伦理的扩展……实际上是生态进化中的一个过程。它发生的时间顺序既可以用生态术语又可以用哲学术语来形容……最早的伦理道德涉及了人与人之间的关系……后来的补充涉及了个人与社会的关系……目前还没有涉及人与土地以及生长在上面的动植物之间关系的伦理道德。土地仍然是财产。土地关系仍然是严格的经济关系，授予了基本公民权利而不是义务。如果我正确地理解了这些迹象，伦理向这个人类环境里的第三元素的延伸则是一个进化的可能性，而且是一个生态必需品。这是时间顺序的第三步。前两步已经走完了。自从伊齐基尔（Ezekiel）和以赛亚（Isaiah）时代，个人思想家就已断言土地掠夺不仅是不适的而且是错误的。然而，社会还没有肯定他们的信仰。我把目前的保护运动看成这种肯定的萌芽。（Leopold，1966）"在这段话写成 50 年后的今天，我们要好好反省它，并着眼于评价我们是否已经在利奥波德充满激情地描写的土地伦理的发展上取得了重大进步。[1]

推导有这种本性的土地伦理将必须牵扯到西方文化核心象征的深刻改变。在西方文化里，长期以来，我们认为环境是在我们之外的，我们可以任意使用它，我们被授权并赋予力量甚至是被神选定这样做的。如果我们已经把事情和思维搞糟，只要我们有悔悟之心，我们就会被谅解并将被授权重新开始——通常是在其他一些更"西部"的地方或是某个公认的边疆地带。向永远能进一步后退的边疆持续地线性扩张的意识形态给我们带来的后果是毁坏，但是我们自己并不怎么担忧我们文明轨迹上的一连串毁坏。相反，我们当中一些最有智慧、最好探索的人正被这种扩张文化鼓舞着，以看起来似乎对新空间和新资源的征服有难以抑制的欲望，来征服四面八方新的边疆。[2]

物种傲慢不仅仅限于地球。我们大众神话的核心鼓励我们要相信"大胆地去没有人去过的地方"是非常自然的事情。我们不再能区分大众文化里的事实和科幻情节。不仅仅是科幻小说里虚构的人物，严肃的科学家和技术人员也在讨论着怎样挖掘月球和靠近地球的小行星。最近，对在月球或火星上有可能会发现水的期望被一群忙得喘不过气的科学家和技术人员描绘成，我们也许能够利用这些水资源作为向太空进一步扩张的氢氧燃料。离开地球并殖民于太阳系其他可以到达的地方的冲动现已深深地渗透在包围太空工程的雄辩中。科学家们讨论着用微生物生命在火星上撒种，从而促进导致温室效应气体的发展，并建立一个更像我们地球上的大气层。令

---

[1]　哈佛环境价值研讨会把 1999 年到 2000 年专用于重新考虑利奥波德的土地伦理的思想（哈佛大学，1999）。

[2]　对自然概念和边疆经历在西方文化中的重要性的延伸讨论，请见（Weiskel，1983）。

人在某种程度上担忧的征兆是,在其他事情上冷静并严肃的人相信它既有可能又是好的。

我们当中更关注生命体的不稳定和脆弱以及他们在地球上所相连的系统的人认识到,太空梦想和火星殖民不幸的是误导的错觉。另外,我们充满激情地感到,我们仍然值得试着在地球上保护人类前景。毕竟,我们已经定居在了宇宙里可知的最大可居住空间里。如果我们以盲目和固执向自己证明在这个珍贵的富饶的球体上维持人类生命是不可能的,那么有什么理由能让我们认为我们能在其他地方贫瘠的石头上获得成功呢?

由于西方文化的技术自大和对永久扩张及增长的迷恋,在更广的世界范围内变得越来越明显的是,如果要保证人类生存,我们将需要对这个文化核心价值和伦理进行激进的改革。为生存而采取新原则所带来的过度时期也许会很困难,文化也不会对它核心信仰的挑战投以和蔼的微笑。不过,尽管实施它们有困难,这些新原则本身很清楚,并能为环境伦理新的道义论方法奠定基础。其他人应该随便改进下面这个清单,但是它至少能作为讨论的一个起点。

在我们的公共和私人生活中,我们应该总是处处力求既要个人行动又要集体行动(如税收、花费、管理、制定法律和提出诉讼等)。这样我们才能遵守这些我提出的生态十诫。

①在可能性内设计,在地球的生物地球化学循环内重新引入人类事业,并靠太阳能维持此循环。②以可再生资源的消费代替不可再生资源的消费。③减少可再生资源的消费至其再生率或低于其再生率。④不要把任何东西排放到和你一起生活的其他生物体的能安全"享用"的废物/营养流。⑤把积累下来的生产成果以更平等公正的方式分配(巨大的资本和权力不平等以及不断增长的不平等是生态系统里天生的不稳定因素,必须要避免)。⑥衡量并监控影响所有物种安全、健康和福利的环境条件(生态系统必须把利益传递到所有组成物种,否则它就不是功能健全的系统并会很快崩溃)。⑦教育并告知公众要面对的境况和人类文化在更宽广的生态系统里留下的"脚印"。⑧授权并赋予力量给地方人类社会来持续管理他们的资源(人类社会不能被"平均起来"或"一般地"抢救;如果他们不以其独特的特

定方式生存下来，人类事业就不能持续）。⑨以甜言蜜语哄骗、劝诫并说服那些不遵守这些生态公民规则的人改过自新。⑩揭露、谴责、声讨并力求惩罚那些一贯故意违反这些公民责任规则的人，包括那些在其他方面希望表现得像一个"值得尊敬的"公众领导的人。

也许，十诫这一修辞有点儿用词不当。这里列举的道德准则不同于章程或政策。它们应该被广泛地理解成在制定明确的章程、法律、经济机制、税制、公民和社会立法提案，以及商业和职业协议时牢记的方针。在任何时候我们都应问问自己，某个建议是支持还是违背了这些环境伦理的基本原则。在理性增长环境下，道德反省的目的不是要假装我们能够达到道德纯洁，而是要个体地和集体地鞭策我们每一个人要为在社会平等、生态可持续的社会里的负责行为制定有效的方针。

参考文献

Beckerman, Wilfred . 1995. *Small is stupid*: *Blowing the whistle on the Greens*. London, England: Duckworth.

Harvard University, University Committee on the Environment. 1999. *The land ethic revisited*: *Ownership*, *stewardship and moral responsibility in an ecosystem*. Harvard Seminar on Environmental Values, 1999-2000. Available at http://ecoethics. net/hsev/sche 1999. htm.

Leopold, Aldo. 1966. *A Sand County almanac*: *with essays on conservation from Round River*. New York, NY: Ballantine Books.

Meadows, Donella H. , and Club of Rome. 1972. *The limits to growth*: *A report for the Club of Rome's project on the predicament of mankind*. New York, NY: Universe Books.

Meadows, Donella H. , Dennis L. Meadows and Jorgen Randers. 1992. *Beyond the limits*: *Confronting global collapse*, *envisioning a sustainable future*. Post Mills, VT: Chelsea Green.

Walter, Edward. 1981. *The immorality of limiting growth*. Albany, NY: State University of New York Press.

Weiskel, Timothy C. 1983. Rubbish and racism: Problems of boundary in an ecosystem. *Yale review* (Winter): 225-244.

第十一章　理性增长和城市复兴

哈维·甘特（Harvey Gantt）

一般公众和很多规划师似乎是支持理性增长策略的。我认为有趣的是，越来越多的有关理性增长的会议还把建筑商和开发商包括了进去。然而，我对与理性增长有关的公平产生了新的忧虑。这个运动代表了在定义、控制和保护我们的环境的道路上的一个新转折吗？或者是，在城市边缘治理增长会使市中心的复兴努力继续遭受它在过去 50 年里所遭受的吗？

我所说的市中心介入实际是指内城低收入邻里的改造、重建或复兴。我们今天看到的有关理性增长的大多数信息涉及一个要求以更明智的方式管理我们的资源和改变新兴郊区居住模式的策略。这种规划虽然重要而且诚然是好的，但它似乎影响不到市中心的邻里，甚至影响不到未来城区的第一环郊区。

在大多数情况下，通常是全美范围内，我们所看到的有关理性增长的策略基本上是关于物质形式设计的策略。作为一个建筑师，我为此感到兴奋。但是我相信，我们不仅仅需要关注规划合理的马路或是设计恰当的街景和布局，我们还需要关注更多的事。我们仍然可以听到很多有关设计规划和可代替的交通模式的说法。我们也看到很多对空地保护、环境问题、密度和分区制的关注。我的新城市主义运动的朋友们承认，他们的发展是沿着传统邻里发展进行的，并探索着怎么能把我们的城市和邻里曾经拥有或仍旧拥有的怀旧特征应用到未来的规划中。

传统邻里发展的新应用是更好地组织郊区新增长的细胞。但是，在有些情况下,这个方法若没能和其他策略相结合,就会导致与我们在旧郊区看到的同样的人口和住房多样性的缺乏。在我看来,这个全国性讨论忽略的是对有关我们市区结构的社会问题的极力呼吁,更具体地说,就是要把市中心的复兴问题作为理性增长运动的一部分。

在未来的理性增长区域和城市中,工薪阶层的穷人和中等收入的家庭将住在哪里呢? 限制城市地区的发展对提供可负担得起的住房会有影响吗? 如果有的话,将会有什么影响呢? 市中心能变成中产阶级的居住地选择之一吗? 如果能,在改革和向中上层社区过渡时,没落邻里中的低收入社区将会怎样呢? 我们能为包括穷人在内有着各种各样经济地位的群体提供更好的往返于工作和住房之间的交通吗? 城市公共教育的质量和它对城区和市中心不同居民的影响会是怎样呢?

我可以继续问这样的问题,但是我相信大多数读者已经把握了要旨。市中心的复兴策略在本性上既是物质形态的又是社会的(彩图33)。它能够是并且必须是整个城区发展最有意义的要素。一旦理性增长的倡导者开始在处理形式上的开发模式的同时处理社会发展问题,三个可能的情景会在以后的10~15年里发生。

一种情景或方法将纯粹把理性增长集中致力于更好地组织郊区扩张的需要。它的焦点将是形式的设计,其匹配的营销策略将声称"可居住的社区是更好的",因为我们的设计更好,我们更好地应用了土地利用政策,并保护了空地。我们已经实现了例如城市增长边界和开发权购买等事情。通过我们的交通系统,既包括公共交通又包括私人汽车,我们已经把社区和主要就业中心很好地连接起来。这类成就在今天全美的讨论中都有反映。但是我们将怎样更好地组织城市的边缘和城区呢? 我们会继续讨论怎样保护空地、降低交通速度并减轻堵塞吗? 或者,我们只会谈论增加密度,也许只是在结尾对其他问题轻描淡写一番呢?

我并不想留下这样一个印象,即组织对市区更有利的新增长对我们来说不是一个好主意。然而,我看到的负面影响是,这样一种增长的情景和方法会对我们今天稀有的公共资源有更大的需求。这个方法会把钱从市中心的选民手中拿走,并把这些资源投入到新的基础设施和土地征用、空地保护和交通系统的建设,而不会提高市中心选民的政治和经济影响力。另外,土地价格不断上升将会提高住房花费,而不是所需的可负担得起的住房的扩建给郊区和市中心带来更多选择。还有,如果没有复兴计划,已持续了60年的废弃市中的新潮流就不会减弱。这就会使市中心在我所谓的持续向21世纪废墟转变的道路上进一步退后。这种21世纪的废墟不仅存在于市中心,甚至还存在于一些郊区的废弃邻里和购物区。

上面所述的理性增长策略对市中心的发展并没有好处。它与那些使市中心丧失了功能的社会规划一样。然而,它是当今很多城市思想家对理性增长的认知。当我看着理性增长会议的参加者时,我没有看到很多来自市中心的代表。我没有看到很多非洲裔美国人领导坐在观众席上,因为他们不认为理性增长是跟他们或他们的问题有关的事。我们需要对此态度有所关注。

第二种情景会继续实行大部分我刚刚描述的理性增长的策略,但是它会着眼于把城市中心地区发展成零售、娱乐、体育和文化活动的主要地点。作为北卡罗来纳州夏洛特市的前市长,我对一个市长的想法有些了解。我们已经在这类事情上工作多年了,为的是使我们的市中心成为这一区域的"卧室",为的是修建能代表一个高瞻远瞩的社区的摩天大厦、饭店、体育馆和竞技场。虽然完成这类提案是昂贵的,做起来相对来说却是容易的,并有时可以在一个人的政治生涯中完成。我们甚至看到一些市长和城市正在努力吸引居民重返城市。

当居民重返城市时,居民复兴就发生了。这些地区经常被高收入的居民或不介意和穷人作邻居的人居住。这些新来者常常是赶时髦的单身者。由于他们的生活方式,他们认为生活在城市是非常合意的。这个邻里复兴的过程是件好事。但是有讽刺意义的是,这样的好事没有发生在周围的穷困邻里中。事实上,很多这些穷困邻里觉得入侵到他们地盘的扩张是一种威胁。这些穷困社区的领导者经常无力影响公共政策,这就导致了更大的恐惧和不信任(彩图34)。

几个月前我去了亚特兰大。在我视察期间的主要话题就是城市住宅。很有意思的是,我注意到基层领导们畅谈了他们中上层化对他们的邻里、生计和在城市中的生活有什么意义的各种理解。第二种情景则暗示,让我们继续把理性增长策略应用到城市边缘。这个方法仍然会留下很多怀有巨大恐惧和不信任感的利用不足的地方和邻里,为工作增加了很多压力。有些带有讽刺意味的是,由于对一个城市和它的领导者们能够做的事情的理解不足,那些想帮助复兴城市的人不幸地遇到了来自于市中心旧邻里的抵抗。

第三种也是我认为最可行的情景是,力求在城市边缘和中心都要理性地增长。这是一个可替代的选择。它没有自动假设有些邻里将总是贫穷和没落的,或假设中等收入的家庭将永远不能选择生活在市中心。我认为我们应该找到一个能吸引各种各样的家庭重回城市而不破坏那些已经住在城市的人的策略。这个策略将驱使城市领导者大张旗鼓地兴建各种城市主要资产——大专院校、医疗设施、文化设施、民用建筑。城市中心通常有最大的就业中心,有到位的基础设施,尽管常常是利用不足,但却值得关注。它还有一个包括了大小街道的交通网络,所以常常是一个区域中最方便的地方。

事实是,尽管内城和市中心可能会与多年的不良土地兼并和其他污名挂钩,但是人们仍旧寻找着去那里的机会,因为他们认为城市更有趣。我相信,第四代郊区居民也许会追求一些不同的事。我们有一个利用城市资产的机会。如果有一个填充住房的大工程,我们就可以增加住房量并迫使住房价格降到工薪穷人能负担得起的水平。

虽然一些现有的邻里对上升的密度表示忧虑,这里有证据显示,如果合适的邻里被选中并有设计上合理的策略,升高的密度是可以被调和的。为住在再开发目标地区的住房所有者和租房者提供奖励的保护措施常常能保持他们原地不动,甚至当高薪住房在他们周围建起来后。为城市邻里制定的规划应该是要减少中上层化的影响,同时鼓励更大的多样性。这是一般在郊区不能做到的事。

我们在夏洛特尝试了这个方法。我们宣称要找到一个奖励住在再开发区里的低收入住房所有者和租房者的方法。我们通过向他们提供极低利息的贷款和津贴做到了这点。条件是他们要翻修他们的住房,铺上新房顶,修理并油漆前廊,增加一个房间,或是任何他们想要做或需要做的翻修。同时,我们允许开发商在变得有价值的闲置地上建设。这些闲置地变得有价值是因为夏洛特金融业的增长和新工作与新商业的巨大增长。改善街景和城市整体面貌的公共工程也很重要。我们要使城市居民感到住在城市中心是安全的,并要实际改善城市的治安环境。这项工作尽管开始会很贵,但通过鼓励更多的开发在市中心进行,我们也收到了回报。能在市中心工作,并且由于改善了的公共交通也能在其他地方工作的可能性,提高了平均家庭的经济展望,并增加了活动范围(彩图35)。

也许,鼓励在多样的城市重新定居的最重要的事是我们怎样改善城市教育。如果城市可以自由地且有创新地重新组建公共教育,并能为它的学生(在如今大多数情况下是穷学生)提供成功的机会,那么我们就能逆转潮流,鼓励中高等收入的家庭搬到城市中来。当然,要在整个城区和内城里的开发中心达到这种理性增长还需要很长时间,并需要坚定的信念、大量公共和私有投资的许诺,以及鼓励这样一个增长情景的政治意向。但是,如果我们不小心行事,如果不非常小心地行事,这个我们今天叫做理性增长的事业也许就会变成不过是正在简单地组织蔓延。它也许仅仅会是一时流行的狂热。10~15年后,我们会把它当作一个以失败而告终的运动而谈论。

我认为,如果我们只致力于把市郊区变得更好一点儿或更多样化一点儿,我们只作出了半正确的答案。我们有可以全面对待城区的极好机会,特别是既然整个国家似乎都想强调理性增长。这是一个处理市中心问题的机会,这些问题在过去的50年左右还没有被以严肃的方式对待过。如果我们愿意与极其严峻的问题作斗争,我们所有理性增长和理性发展的目标,即保护空地、更好地利用基础设施、减少交通和空气污染、使上下班交通更方便和提供负担得起的住房就可以被实现。

现在,我对我的规划和建筑业的同事有几条劝告。这将是本文的结束语。理性增长不能只限于设计,它必须还要对付有关种族和经济阶层的棘手的社会政策问题;它还要面对以下事实,即我们在没有清楚地了解市中心对城市居住形式影响的巨大潜力的情况下就已经发展了一套增长策略。

后　记

一、理性的词汇

可以保证的是,这本书的大多数撰稿者与我们大多数人一样从事着城市规划事业,并要确保我们所理解的理性增长实际上是"理性的"。这些发言稿的一致性至少部分可以归功于选用了"理性增长"这个词作为广义规划政策和策略的绰号。这个选择是机灵的,在政治上是敏锐。但是有些规划者和批评家仍旧被理性增长议程一些方面的后果困扰着,或是对这个术语本身不满意。例如,本书中不只一位作者称理性增长为"委婉修辞法"。蒂莫西·韦斯凯尔(Timothy Weiskel)还把它叫做"矛盾修辞法"、"术语上狂妄自大的冲突"。

当我写这篇文章时,我手边的《韦伯第九版新编大学字典》把"委婉修辞法"定义为"以令人愉快、不冒犯他人的表达方式替代有可能冒犯他人或暗示不愉快事情的措辞"。另一个相关的词"乌托邦(Utopia)"有三个定义。每个定义可能会对不同的人来说有关:①"一个想象的无限远的地方";②"一个达到理想完美境界的地方,特别是在法律、政府和社会条件上";③"一个社会改良的不切实际计划"。令人失望的是韦伯字典没有收录乌托邦的另一个词——Eutopia(我的电脑的拼写校对程序也同样被它迷惑,好像它是一处拼写错误)。但是,Lewis Mumford(或希腊文)的读者知道,相比较乌托邦的"没地方"而言,它指的是"好地方"。根据我的韦伯字典,"反乌托邦(Dystopia)"是"一个糟透了的地方,它的臣民身陷可怕的处境"。

　　因此,同道的清教徒们,我们正走在通往 Eutopia 的路上吗? 还是已经迷失在失望的沼泽中了呢? 在对提倡者和分析家用词的探索中,我们还了解到,俄勒冈州波特兰市也许是规划者的天堂,但对其他人来说它是正在修建中的地狱。

二、作为委婉修辞法的理性增长

　　美国规划协会为各州制定了一套以"理性增长"为题目的野心勃勃的模范规划法,并总结道"我们的工具在我们生活的时代是过时的。……在有些社区和区域,自从 70 年代起,高速增长已经使人们产生了一些忧虑。这些忧虑表现在服务成本、增长对环境和生活质量的不良影响,以及工作和住房之间的平衡等问题"(The American Planning Association,2002)。相反,佛罗里达可持续社区中心(Florida Sustainable Communities Center)的汇报说,州政府社区事物部部长史蒂夫·塞伯特(Steve Seibert)表示了以下担忧:"'可持续社区'和'理性增长'这两个术语对那些选择不采用此策略的人意味着失败或'愚蠢增长'。"Brookings 协会的安东尼·唐斯(Anthony Downs)(2001)当面质问理性增长:"除了住宅建筑者和公共交通提倡者,其他团体组织能以相同的方式使用这个术语吗? 答案是否定的。"

　　理性增长所指的这些不同团体组织是什么呢? 毫不惊讶的是,从全国住房建筑者协会(National Association of Home Builder)的网站上我们找到这样的陈述:"在最广泛的意义上,理性增长意味着通过达成政治上的一致意见并运用市场敏感和有创新的土地利用规划概念,来满足由永远增长的人口和繁荣的经济带来的住房基本需求。"从路面交通政策工程(Surface Transportation Policy Project)的网站上,从"通向理性增长之路:由路面交通政策工程和自然资源保护理事会(Natural Resources Defense Council)发展的工具箱"这篇文章中我们了解到,也许仍是不令人吃惊的是,理性增长是"紧凑简洁的、适于步行的并有公共交通系统的"。唐斯(Downs,2001)列举了不同团体组织间相同意见和不同意见的主要方面:大多数同意对空地的保护、中心再开发、更好的城市设计和区域合作。然而,他发现在城市增长边界、基础设施资金和减少对汽车的依赖上，人们有很大的不同意见。

三、作为反乌托邦的理性增长

《管理规则》杂志(也叫《商业和政府的加图评论》)2001 年秋季期的封面故事题目是"'理性增长'的傻话"。作者兰德尔·O'图尔(Randal O'Toole)来自俄勒冈班登市(Bandon)的梭罗学院(Thoreau Institute)。他争论到，波特兰周围的理性增长政策与"增加的交通拥挤、空气污染、消费者花费、纳税和几乎所有其他降低城市可居住性的因素相关。"在文章旁边以"理性增长的果实"为题目的补充报道里，他列举了波特兰可能有的未来后果：增加的交通瘫痪和堵塞，由于资源转移到铁路运输而使现有大众交通的质量下降，上升了的住房成本，支付铁路并补助高密度住房引起的更多税款，以及把目前用于娱乐的宝贵空地用于难以接近的农场(Randal O'Toole，2001)。

另一个反乌托邦学者，理由公共政策研究院的塞缪尔·R. 斯特利(Samuel R. Staley)，在《休斯敦新闻》(2001 年 7 月 22 日)中以"所谓的理性增长运动"为题提出了不同意见，并对联系超过人口增长的蔓延和土地消费速度的 Brookings 指标提出质疑。"这个标准是荒谬的。如果照字面意思理解，它将终止数百万买房者的梦想并会严重危机数百万家庭的生活质量。"斯特利早先在 2001 年美国规划协会会议上就以"我为什么是理性增长的反对者？"这样一个敏锐的提问为题作了演讲(Staley，2000)。比起反乌托邦，布莱恩·布莱塞尔(Brian Blaesser)也许更像一个反委婉修辞法的人。他在为能自由选择非紧凑的发展形式辩论时把理性增长叫做"带有态度的增长管理"(以"极其独特的观点，即蔓延几乎是犯罪"为基础)。

四、作为矛盾修辞法的理性增长

蒂莫西·韦斯凯尔(Timothy Weiskel)问道:"在一个已经被人类事业窒息的世界里,自然环境忍受着我们的践踏,理性增长难道不是一个矛盾修辞法、一个术语上狂妄自大的矛盾吗?"世界人口预计要在 21 世纪末达到90~100 亿,与目前大约 60 亿人口相比增长了一半还多。有些人的足迹毫无疑问要比另一些人的大,发展中国家留下的足迹是人均 2.5 英亩,而美国是人均 24 英亩。"世界上每一个人要想靠现有科技达到美国的消费水平,则需要另外四个地球"(Wilson,2002)。所以,我们怎样增长(并消费)似乎至少和我们有多少人同样重要。

虽然并不反对全球人口控制本身,区域规划者先锋本顿·麦凯(Benton MacKaye)把区域范围内的人口增长比作降雨:虽然你无法控制它的数量,但你能管理它的分布。"区域规划者还没有尝试过控制人口流向,把世界其他地区的人口引入他的地区;就好像水利工程师那样能控制水的流向,把世界其他地区的降水引入他自己的河流流域。区域规划者和工程师在他们的区域和流域内都有一个固定的流量,然后按照某种计划分配它"(MacKaye,1999)。阿瑟·克里斯·纳尔逊(Arthur C. Nelson)(本书)对美国规划者提出了"定量"形式的挑战和机会:到 2025 年我们将有 5 600 万新增人口,将需要 25%的新开发和 20%的再开发,总计全国将需要 45%的开发。朝更远的未来看,并像纳尔逊一样利用美国人口普查局的中期预测,到 2050年 6 600 万新增人口将居住在美国;到 2100 年美国将有 3 亿新增人口,是2000 年人口(2.81 亿)的两倍还多。

波特兰前任城市规划主任理查德·卡森(Richard Carson,2000)为《规划》杂志观点栏目写了一篇题为"理性增长有多实用?"的文章。文章指出,"现实生活中,理性增长只会慢慢增长,而新城市主义者只会使增加的密度变得更被人接受。两个教条自己谁也不能改变的事实是,大都市地区的增长会导致过度拥挤、交通堵塞和空气质量下降。……但是规划者很少提到要限制增长。这是因为我们没有一个政治上可行的能替代理性化增长的政策"。

　　我写这篇后记就像是在一顿细心准备的宴会后提供助消化饮料似的。我想回到我的合编人特里·索尔德(Terry Szold)提供的第一道菜中,用它来结束这篇后记。索尔德让历史来评判理性增长的最终成功,结果显示不是没有一点确定的希望。也许,Eutopia 就在眼前了。

阿曼多·卡伯内尔(Armando Carbonell)

林肯土地政策研究院规划与发展部

高级成员和联合主席

参考文献

American Planning Association. 2002. http://www. planning. org/growingsmart/background. htm.

Carson, Richard. 2000. Viewpoint: How practical is smart growth? 66 *Planning* (August): 54.

Downs, Anthony. 2001. What does "smart growth" really mean? 67 *Planning* (April).

Florida Sustainable Communities Center. http://sustainable. state. fl. us/fdi/fscc/news/index. html.

MacKaye, Benton. [1928] (1990). *The new exploration: A philosophy of regional planning*. Champaign Urbana, IL: The Appalachian Trail Conference and University of Illinois Press.

Meck, Stuart, ed. 2002. *Growing smart legislative guidebook 3: Model statutes for planning and the management of change*. Chicago, IL: American Planning Association.

National Association of Home Builders. http://www. nahb. org.

O'Toole, Randal. 2001. The folly of 'smart growth.' 24 *Regulation* (3).

Staley, Samuel R. 2000. Presentation to Council on Urban Economic Development, Portland, Oregon(June, 12).

——. 2001. Why Am I a Smart Growth 'Contrarian'? Presentation to American Planning Association National Conference, New Orleans, Louisiana (March 12).

Surface Transportation Policy Project. http://www. transact. org.

Thoreau Institute. http://www. ti. org.

Wilson, Edward O. 2002. *The future of life*. New York, NY: Alfred A Knopf.

作 者 简 介

埃兰·本—约瑟夫(Eran Ben-Joseph)是麻省理工学院景观建筑和规划系的 Hayes 事业发展部的助理教授。在此之前,他任教于弗吉尼亚理工学院并是 Technion 以色列理工学院的客座讲师。他还是 BNBJ 的创立人。BNBJ 是 Tel-Aviv 里的一个跨学科规划公司,它擅长新镇选址规划、景观建筑和城市设计。他目前受赞助的研究项目包括道路和基础设施标准对建成环境的影响、选址规划中的技术发展以及城市模拟的新界面。

布莱恩·W. 布莱塞尔(Brian W. Blaesser)是 Robinson & Cole LLP. 波士顿办事处土地利用与开发团的合伙人和领导。他从事的领域包括商业房地产开发和租赁、民用开发、土地利用与环境法、规划法、定罪法和起诉程序。在分析并从政府和中介获取必要授权时,在谈判并起草开发协议时,他代表了房地产所有人、投资商和发展商。他还在涉及征地、影响费、既得权利、定罪、美国环保局执行行动以及对民事权利法案第 1983 节的违反等问题的州及联邦审讯和上诉法庭上有广泛经验。他是众多有关土地利用、增长管理和房地产开发出版物的作者或联合作者。

阿曼多·卡伯内尔(Armando Carbonell)是林肯土地政策研究院规划与开发部的高级成员和联合主席。他还是哈佛大学设计研究生院城市规划与设计系的讲师。在到林肯研究院任职之前,他是鳕鱼角委员会(Cape Cod Commission,一个区域规划和土地利用管理机构)的常务董事。

约翰·P. 德维拉斯(John P. DeVillars)是波士顿城市复兴公司的常务副总裁。他在 1993 年到 2000 年间是美国环保局新英格兰办事处的负责人。在加入美国环保局前,他为 Coopers 和 Lybrand(一家国际会计咨询公司)管理着环境服务部。他还是马萨诸塞州环境部长和马萨诸塞水资源当局委员会主席。他还是麻省理工学院城市研究与规划系的环境政策客座讲师。

哈维·甘特(Harvey Gantt)是甘特·休伯曼建筑公司(Gantt Huberman Architects,北卡莱罗纳州夏洛特市的一家建筑公司)的共同创始人。作为夏洛特市的前市长,他一直对规划、内城区复兴、住房供给和管理下的增长感兴趣。他所关注的主要是美国城区问题,并要求建筑师在制定公共政策中担任更活跃的角色。

多洛雷斯·海登(Dolores Hayden)是城市历史学家和建筑师。她是耶鲁大学建筑、城市主义和美国研究的教授。她著有几本关于美国城市景观和设计政治学的获奖书籍。《地点的力量》论述了洛杉矶及其公共历史。《重新设计美国梦》以女性的视角对 20 世纪 50 年代千篇一律的住宅设计提出了批评。她目前正在撰写一本有关美国城郊历史的书和《蔓延的实地指南》这本书。

叶罗尔德·S. 凯登(Jerold S. Kayden)是律师和城市规划者。他是哈佛大学设计研究生院城市规划系的副教授。他的专长是规划和环境法、公共和私人开发以及法律和设计的关系。他在这些研究领域上有大量著作。其作品包括他最近出版的《私人所有的公共空间:纽约市的经历》。

亚历克斯·克里格(Alex Krieger)是哈佛大学设计研究生院城市规划与设计系的系主任和城市规划实践的教授。他还是位于剑桥市的 Chan Krieger & Associates(一家提供建筑、城市设计和总体规划服务的获奖公司)的创立人。他是波士顿民用设计委员会最早的成员之一,也是城市设计市长学院的主管。他现在参与了许多美国城市的规划,包括波士顿、匹兹堡、辛西纳提和哥伦比亚特区的华盛顿。他还是几本书的作者,包括《波士顿制图》。

格伦娜·马修斯(Glenna Matthews)是一位研究妇女历史和加州历史的历史学家。她正在撰写一篇“硅谷、妇女和加州梦”的文章。这篇文章以她在斯坦福大学对 20 世纪 30 年代的圣克拉拉(Santa Clara)谷所做的博士研究为基础。她还是加州大学伯克利分校城市和区域发展学院的访问学者。

威廉·J. 米切尔(William J. Mitchell)是麻省理工学院建筑与规划学院的院长。他曾是哈佛大学设计研究生院设计研究项目的主管,也是加州大学洛杉矶分校建筑与城市设计项目的主管。他是澳大利亚皇家建筑学院的成员。他的学术兴趣包括设计理论、计算机辅助的设计以及电子传媒。他商议并合建了一家软件公司。他还是洛杉矶一家城市创新公司的主席。

阿瑟·C. 纳尔逊(Arthur C. Nelson)是位于亚特兰大的乔治亚理工学院建筑学院城市设计与规划系的教授,也是管理学院的公共政策教授。他还是乔治亚理工学院工程院里的运输研究与教育中心的成员,并是增长管理分析有限公司的主席。他在土地利用规划、增长管理和公共设施财政领域有一些开创性的著作。他著有很多书和专业出版物。

特里·S. 索尔德(Terry S. Szold)是社区规划方案公司的首要人物。她在土地利用、增长管理、战略和全面规划领域有超过 16 年的经验。从 1988~1994 年,她是马萨诸塞伯灵顿市的规划主任,并在马萨诸塞和新罕布什尔州担任其他高级规划职位。她的学术兴趣一直是社区规划、土地利用法和规章制度,以及交通和与设计有关的一些问题。她还是麻省理工学院城市研究和规划系的辅助副教授。在那里,她既是土地利用和增长管理的实践者又是教育家。

蒂莫西·C. 韦斯凯尔(Timothy C. Weiskel)是波士顿爱默生学院(Emerson College)文科与跨学科研究学院的访问学者。另外,他还是哈佛环境价值研讨会的主管,也是哈佛大学环境公正执行团的联合主管。作为人类学家和历史学家,他的学术兴趣包括文化价值和环境政策的联系、环境伦理以及环境危机的宗教问题。

林肯土地政策研究院简介

林肯土地政策研究院是 1974 年成立的非赢利性和免税的教育机构,主要开展包括土地经济和土地税收等方面内容的研究和教学工作。该机构主要由林肯基金会支持。林肯基金会是克利夫兰实业家约翰·C. 林肯(John C. Lincoln)于 1947 年成立的,该机构成立的初衷源于 19 世纪美国政治经济学家、社会哲学家和《进步与贫穷》(*Progress and Poverty*)一书作者亨利·乔治(Henry George)的灵感。

林肯土地政策研究院的目标是将实践和理论一体化,以理解对土地政策理论和实践产生影响的各种学科所起到的作用。通过开展教学、课程学习、学术会议和出版著作,研究院试图提高有关部门土地政策中关于重要问题讨论的质量,并且传播土地评估和税收方面的相关知识。研究院还设有专门研究拉丁美洲和中国的机构。

林肯土地政策研究院并没有固有的研究模式和理论范式,而是主要通过召集不同背景和经验的学者、政策制定者、实施者和市民,一起研究、反映和交换各自对于土地政策和税收政策的观点和看法。研究院的目的在于产生影响——使今天的生活变得不同,并帮助政策制定者为未来的发展进行规划。

LINCOLN INSTITUTE OF LAND POLICY

113 Brattle St. Cambridge, MA 02138-3400 USA

Phone	617.661.3016
	800.LAND.USE (800.526.3873)
Fax	617.661.7235
	800.LAND.944 (800.526.3944)
Email	help@lincolninst.edu
Web	www.lincolninst.edu

彩图1　在康涅狄格州纽黑文市（New Haven，Connecticut）樊尔黑文地区（Fair Haven）由多个家庭居住的房屋构成的电车郊区住宅区。图片版权：亚历克斯·S．麦克莱恩／兰迪斯莱德斯（Alex S. MacLean/Landslides）。

彩图2　康涅狄格州西黑文市（West Haven，Connecticut）Cove Brook 路上的情景剧郊区住宅区里的住房。图片版权：亚历克斯·S．麦克莱恩／兰迪斯莱德斯（Alex S. MacLean/Landslides）。

彩图 3　康涅狄格州 Stamford 市的新建办公楼群和一个临近 95 号州际高速公路的购物大厦的边缘结。图片版权：亚历克斯·S．麦克莱恩／兰迪斯莱德斯（Alex S. MacLean/Landslides）。

彩图 4　康涅狄格州达勒姆镇（Durham，Connecticut）在电子边缘地带为大面积住房建设划分的农业用地。图片版权：亚历克斯·S．麦克莱恩／兰迪斯莱德斯（Alex S. MacLean/Landslides）。

彩图5　向西眺望的20世纪末的圣何塞市区。图片的前景是de Cesar Chavez 大厦。圆顶建筑是创新科技馆。图片提供：肯·埃曼（Ken Heiman），圣何塞硅谷商会（San Jose Silicon Valley Chamber of Commerce）。

彩图6　数字电信网络是基础设施网络中最后被添加在城市中的。一个新的光纤中枢沿建成已久的加州帕罗埃尔图市的 El Camino Real 线路而行。本章中所有图片都由威廉·J.米切尔（William J. Mitchell）提供。

彩图 7　　配有电子服务的地方能够支持新的功能并能在活动中建立新的关系。南澳大利亚的阿德莱德市（Adelaide）的一个路边咖啡店也是上网的地点和非正式的办公地点。

彩图 8　　无线便携式通讯设备使活动运动起来。任何地方可以变成工作场所。

彩图 9　　新加坡的电子公路定价系统有效地管理着交通资源的使用。行驶在 Orchard 路上的花费依据汽车大小和一天中时间的不同而不同。

彩图 10　　在葡萄牙的里斯本，电子系统能追踪公共汽车并显示它们到达本站的预期时间。

彩图11 先进的电力分配系统能整合并联的、非传统的电力资源,展示动态的价格标准,并能提供灵敏的装置。图为位于澳大利亚内陆上的利用太阳能的光生伏打设备。

彩图12 专门知识和天赋的集中仍然存在于以电子手段互相连接的世界里。纽约的时代广场现在是一个新闻、娱乐和金融网络的主要中枢。外部的电子屏幕使得这一活动被公众所见。

1. 信息中心	9. 肯特兰滋广场购物中心	17. Hill 区
2. 老农场	10. Great Seneca 高速公路	18. Rachel Carson 小学
3. 畜棚	11. 124 号公路，即 Quince Orchard 路	19. 托儿所
4. 大厦	12. Quarry 公园	20. 28 号公路，即 Darnestown 路
5. 市场广场	13. 娱乐中心	21. 警卫室
6. 市场广场购物中心	14. 上湖	22. Lynette 湖
7. 肯特兰滋大道	15. 中湖	23. Inspiration 湖
8. 市场广场	16. 下湖	24. Helene 湖

彩图 13　马里兰州盖瑟堡市肯特兰滋工程的规划
资料来源：http://www.Kentlandsuse.com/images/overview/Kentlandsmap.jpg.

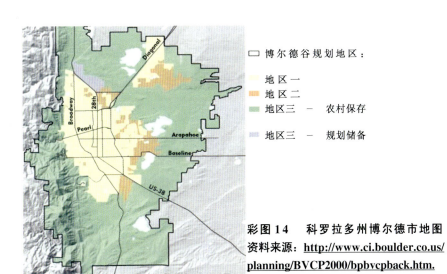

彩图 14　科罗拉多州博尔德市地图
资料来源：http://www.ci.boulder.co.us/
planning/BVCP2000/bpbvcpback.htm.

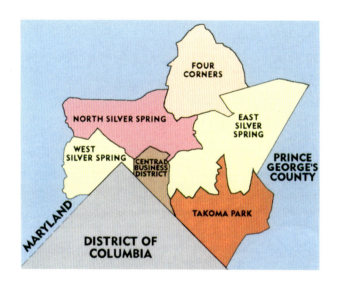

彩图15　马里兰州蒙哥马利县的六个规划地区
资料来源：改编自马里兰银泉市市长办公室于2000年7月24日提供的
PowerPoint幻灯片。

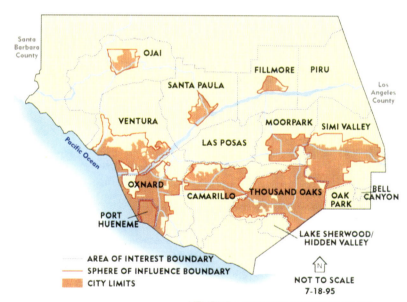

彩图16　加州范图拉县总体规划
资料来源：改编自http://elib.cs.berkeley.edu/cgi_bin/display_page??
page=80&elib_id872&format=gif。

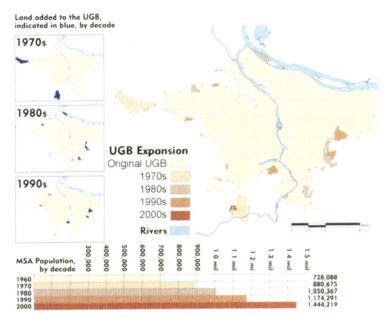

彩图 17　波特兰市区城市增长界限

自从在 1 9 7 8 年建立了 U G B，波特兰市人口有巨大增长。但是，在几乎
没有扩大界限的情况下，发展被控制在了波特兰境内。

资料来源：Metro, Portland Oregon。

彩图 18　一片大房子的一大部分的鸟瞰图。图片版权：考蒂·福尔杰
（Kathy Foulger）。

彩图19　　立交桥分离了土地的不同使用类型并促进了汽车依赖性（免版权税的常备图片）。

彩图20　　从波特兰以外的俄勒冈的斯普林维尔（Springville）看波特兰的城市增长边界。图片版权：考蒂·福尔杰（Kathy Foulger）。

彩图 21　所有城市开发中至少有 1/3 致力于公路、停车场和其他机动车基础设施。鉴于地方民用道路占全国公路总长的 80%，而只支撑着机动车行驶总里程的 15%，已建成公路的很大部分实际上是一种浪费。图片版权：亚历克斯·S. 麦克莱恩/兰迪斯莱德斯（Alex S. MacLean/Landslides）。

彩图22　　俄勒冈波特兰市的"瘦小街道计划"规定，如果只有一面能停车，新的居民区道路宽度应为20英尺；如果两面都能停车，路宽可为26英尺。波特兰市意识到，这样的街道保持了邻里的特征，减少了建设成本，保护了植被，减少了暴风雨后的排水工作，提高了交通安全，并能使稀有的土地用于非机动车使用的其他目的。波特兰市消防队也认为瘦小街道为急救车提供了足够的通路空间。图片提供：波特兰市政府。

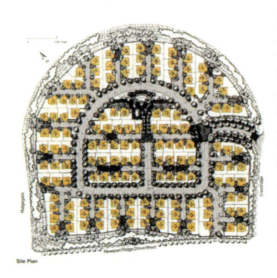

彩图23　　私人开发项目在响应市场需求的同时正在设计上推陈出新。很多在保持隐私感和空旷感的同时正在增加密度。隐私感是潜在购房者的一个关键考虑因素，并必须在选址和住房设计上表现出来，这样才能被市场接受。通过大量的玻璃窗和开放式的建筑平面给人们带来最大空间感的设计减轻了院子太小的诸多局限。绘图提供：城市土地院，1994。

彩图24　某些开发区结合了死胡同设计（U型）和串型设计的一些方面。房子被排列在铺砌的并且环境优美的庭院周围。庭院既为行人服务又为机动车服务，并与一个空地网络相连。这种结构有更多的排列灵活性，并降低了建设成本。图片提供：迈克尔·索思沃斯（Michael Southworth）。

彩图25　依赖于自然环境的空地走廊，比如排水道，应该在开发地被划分成区和街道前设置好。这些空地走廊应该指导开发的模式，从而不会把土地过多分块或造成视觉上的凌乱，同时还能为步行者提供方便。图片提供：霍利·本—约瑟夫（Holly Ben-Joseph）。

彩图 26　建筑风格、材料和颜色的兼容能够减轻很多与高密度住房相关的恶名声，并使能互相兼容的利用方式更好地结合起来。图片版权：亚历克斯·S. 麦克莱恩 / 兰迪斯莱德斯（Alex MacLean/Landslides）。

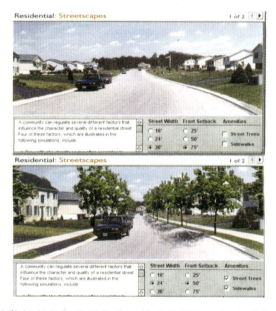

彩图 27　能使抽象的标准形象化，使人们看到可相互替代的情景，并能把信息联系起来的简单、互动的有形表现，是变化发生必不可少的组成部分。图片提供：克里恩·福斯特（Kellean Foster）。

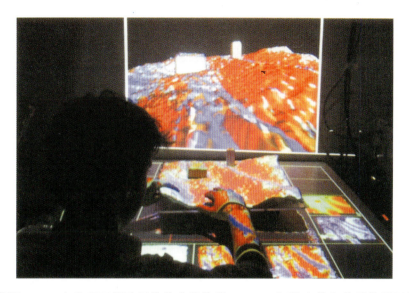

彩图28　麻省理工学院开发的启蒙软件Clay，把数字化和物质化界面结合在一起，创造了一个可触摸的模拟工具。想法、变化和建议以及它们会造成的影响，能被实时观察和探索。这使设计师和公众都能更好地获得信息并共同参与。照片提供：本·皮帕（Ben　Piper）。

彩图29　Penn Central案肯定了纽约市对在Grand Central终点站大楼上方建塔楼的否决。本章中所有图片的版权都归叶罗尔德·S.凯登（Jerold S. Kayden）所有。

彩图30　阿金斯（Agins）案肯定了迪布隆市政限制在阿金斯所有的地皮上开发的权力。

彩图31　诺兰案使加州沿海委员会没能从诺兰家获得允许公众穿行他家海滩的权利。

彩图 3.2 帕特鲁玛案支持了加州帕特鲁玛市在任意一年中都能限制开发数量的权力，因此促成了像保护空地这样的目标。

彩图 3.3 正在被城市复兴工程拆毁的房子。现场将被变成停车场或空地。
图片提供：甘特·休伯曼建筑公司（Gantt Huberman Architects）。

彩图34　　为低收入和中等收入家庭建的低密度住房。图片提供：甘特·休伯曼建筑公司（Gantt Huberman　Architects）。

彩图35　　在一个包括零售和办公利用的混合开发区里的高密度住房。图片提供：甘特·休伯曼建筑公司（Gantt Huberman　Architects）。